SHODENSHA
SHINSHO

第十六代徳川家達《いえさと》

その後の徳川家と近代日本

樋口雄彦

祥伝社新書

はじめに

歴代の徳川将軍の中で、現代においても個人としての事蹟に関し詳細な研究が続けられ、小説やドラマなどに取り上げられることで一般にも広く周知されているのは、家康《いえやす》、家光《いえみつ》、綱吉《つなよし》、吉宗《よしむね》、慶喜《よしのぶ》であろうか。NHK大河ドラマでは、家重《いえしげ》や家定《いえさだ》に光があてられたこともあったし、近年は秀忠《ひでただ》を準主役にした作品も作られた。

江戸時代が終わり、明治になってからの徳川家に関しては、「その後の慶喜」についての研究が進捗《しんちょく》し、以前と比較すれば最後の将軍の後半生がかなり知られるようになった。とは言うものの、明治期における徳川慶喜は、あくまで陰《かげ》の人であった。とにかく徳川家と言えば、初代・家康から十五代慶喜の将軍時代までが脚光を浴びる対象であり、その後についての認知度は低い。

本書で取り上げるのは、明治あるいは近代における徳川家を考える際、むしろ慶喜よりも重要な仕事を残した徳川家達《いえさと》という人物である。十六代当主として徳川宗家《そうけ》を継いだのが彼だった。むろん、彼も日本近代史の中では主役ではない。俗に「十六代様」と呼ばれたが、当然ながらもはや将軍ではなかった。では、何をしたのか。

徳川家達は、十五代将軍慶喜の実子ではなく、将軍家の分家である御三卿田安《たやす》家に生まれ、維新後、罪を負った慶喜に代わり、わずか四歳で宗家当主となった。そして、七〇万石の一大名となって江戸（東京）から駿河《するが》へ移封した。将軍ではなく、静岡藩の藩主という立場で徳川家を存続させたわけである。

その後、廃藩置県により東京に戻り、イギリスへの留学を経験する。明治政府がつくった華族制度では公爵という最高の地位を与えられた。明治三十六年（一九〇三年）から昭和八年（一九三三年）まで三〇年の長きにわたり貴族院議長をつとめた。また、さまざまな社会事業団体や国際親善団体の責任者ともなった。その間、大正三年（一九一四年）には、辞退したものの総理大臣就任のチャンスもあった。

また、同十年（一九二一年）には、ワシントン会議の全権委員となり、軍縮問題に取り組んだ。国際協調を旨《むね》とする親英米派と目《もく》され、軍国主義が台頭するなかで右翼に命を狙われた。議長の職を辞したのは、満州事変を経て、日本が国際連盟を脱退した年である。その後、時代は日中戦争へと突入していくが、昭和十五年（一九四〇年)、七六年の生涯を終えた。幼《おさな》くして明治維新を迎え、太平洋戦争が始まる前年に死去した徳川家達の生涯は、まさに「大日本帝国」の成立、そして崩壊への道と重なるものであり、近世の終焉《しゅうえん》と近代の消長とを身をもって経験したのである。

右に述べた略歴からも、彼が他の旧大名たちの多くのように、何もできない「バカ殿」や「世間知らずの華族様」でもなく、また単なる「お飾り」「ロボット」でもなかったことがわかるだろう。特に、一つの公職(貴族院議長)を三〇年以上にわたってつとめたという履歴は、日本の近代政治史の上で稀有《けう》な存在だった。

家達がともに歩んだ貴族院が廃止され、戦後七〇年近くを経過した今日であるが、政治のしくみは当時と比べ、はたしてどれほど良くなったと言えるだろうか。二院制の意味や議員の世襲化など、彼の時代と現代が抱える課題や現象とを重ね合わせ考えることもできるであろう。「忘れられた巨人」とも言える徳川家達について、今だからこそ知っていただくことに意味があると思う。

二〇一二年九月

樋口《ひぐち》雄彦《たけひこ》

目次

第三章　若き公爵、イギリスへ

第四章 幻《まぼろし》の徳川家達内閣

第五章　協調路線と暗殺未遂

第六章　一族の長としての顔

第七章　徳川家の使用人と資産

第八章　日米開戦を前に死去

本文図版　DAX

第一章　第十六代徳川家達の誕生

将軍家の血を引く幼君

亀之助《かめのすけ》（後の家達）の父は、田安徳川家の当主慶頼《よしより》である。田安徳川家（田安家）は、いわゆる御三卿の一つであり、一橋《ひとつばし》家・清水《しみず》家とともに将軍家に一番近い分家であり、本家に跡取りが絶えた際には後継者を出すことが、その存在意義だった。もともとは八代将軍吉宗が二人の息子、次男宗武《むねたけ》に田安家、四男宗尹《むねただ》に一橋家を立てさせたのが最初である。清水家は九代将軍家重の次男重好《しげよし》が始祖となった。

徳川将軍家の分家と言えば、御三卿よりも御三家のほうを思い浮かべる人が多いであろう。尾張《おわり》（名古屋・六二万石）、紀伊《きい》（和歌山・五五万石）、水戸《みと》（三五万石）の三家である。御三家は、初代の家康の子から分かれた家である。尾張は家康の九男義直《よしなお》、紀伊は十男頼宣《よりのぶ》、水戸は十一男頼房《よりふさ》をそれぞれ始祖とした。将軍家に万が一のことがあれば、自家から将軍を出し、徳川家の血統を保持するのが役目だったことは御三卿と同じである。

しかし、御三家はあくまでも独立した一個の藩であり、江戸時代も中期になると本家である将軍家とは疎遠となり、血筋から言っても「遠い親戚」と化してしまった。

八代吉宗と十四代家茂《いえもち》が紀伊、十五代慶喜が水戸から出て将軍家を継いだように、実際にその本来の役割をはたしたことはあったが、いずれも緊急的な措置であった。御三家よりももっと身近な、いわば本当の「身内」として期待され登場したのが、御三卿である。

御三卿には、それぞれ約一〇万石が賄料《まかないりょう》として与えられた。しかし、一般の大名のように領地に居城を構えることはなく、常に江戸城に住んだ。その屋敷（屋形）は本丸に隣接する位置にあり、内堀に架《か》かる近くの門の名前をとって、それぞれ田安・一橋・清水と称されたわけである（田安家の近くには田安門があった）。普通の大名は跡継ぎがいないと幕府によって改易されてしまうが、御三卿は当主がいなくなった場合でも「明屋形《あきやかた》」と称し、家そのものは存続するようになっていた。

兄の夭逝《ようせい》により、第七代田安家当主に

慶頼は田安家の五代目当主であるが、一橋宗尹の曾孫《そうそん》にあたり、吉宗の血を引いていた。慶頼は、十二代将軍家慶《いえよし》とは従兄弟の間柄であり、十三代将軍家定と十四代将

軍家茂は従兄弟の子であった。また、福井藩主となった松平春嶽《しゅんがく》（慶永《よしなが》）は実兄である。以上のことは、文章で説明するよりも系図（表1）を参照してもらったほうがよいだろう。

慶頼の正妻は、閑院宮孝仁親王《かんいんのみやたつひと》の王女睦宮光子《むつのみやあきこ》であったが、亀之助を生んだ実母は竹子《たけこ》（武子）といった。御徒《おかち》をつとめた幕臣津田栄七《つだえいしち》の娘で、同じ幕臣高井《たかい》家の養女として田安家の奥に入り、慶頼の側室となる。亀之助を含め、達孝《さとたか》（後の田安徳川家当主）ら全部で七人の子どもを生んだ。

亀之助の三歳年長の兄で田安家第六代当主となった寿千代《ひさちよ》も、竹子が生んだ子であった。元治二年（一八六五年）二月、その寿千代がわずか四歳で病死したため、亀之助が跡を継ぎ七代目となったのである。左は、その際の布達である。

一《ひとつ》寿千代殿江被遣候《へつかわされそうろう》拾万石、其儘《そのまま》亀之助殿江被遣、徳川と被称《しょうされる》、未《いまだ》御幼年ニ《に》も候間《あいだ》、万事《ばんじ》田安中納言《ちゅうなごん》殿御世話被在《あらせられ》候様《よう》、被仰出之《これをおおせいだされる》。
右之通《みぎのとおり》、向々《むこうむこう》へ可被達候《たつせられるべくそうろう》、以上。

もちろん、右にあるとおり、実際には隠居していた父慶頼が万事の世話をすることとされた。当時うたわれたものであろう、「寿《ことほ》きもなくて早世した跡《あと》は万代と経《へ》る亀之助君」という落首も記録されている（『近世庶民生活史料 藤岡屋日記』）。

田安家の領地は、下総《しもうさ》・甲斐《かい》・和泉《いずみ》・摂津《せっつ》・播磨《はりま》の五カ国にあり、亀之助が襲封《しゅうほう》したのは一〇万三七二〇石余であった。

家臣には、独自に抱えられている者ではなく幕臣から回されてきた者が少なくなかった。明治初年の数字であるが、田安藩の藩士総数は一三四二名だった（国立公文書館蔵・「旧田安藩士卒禄高調帳」）。ただし、維新に際し宗家の家臣を引き取っている事実もあるので、本来の家臣数はもっと少なかったのかもしれない。

なお、田安藩とは、維新後に新政府から藩としての独立が認められた際の呼び名であり、同じく一橋家も一橋藩となった（清水家は当主不在のため藩にはならず）。

ちなみに、亀之助の実母竹子の実妹初子《はつこ》は、婿《むこ》養子を迎え津田《つだ》家を継がせたが、それが津田仙《せん》である。仙は幕末に幕府の外国方に出仕した幕臣で、維新後は農学者・教

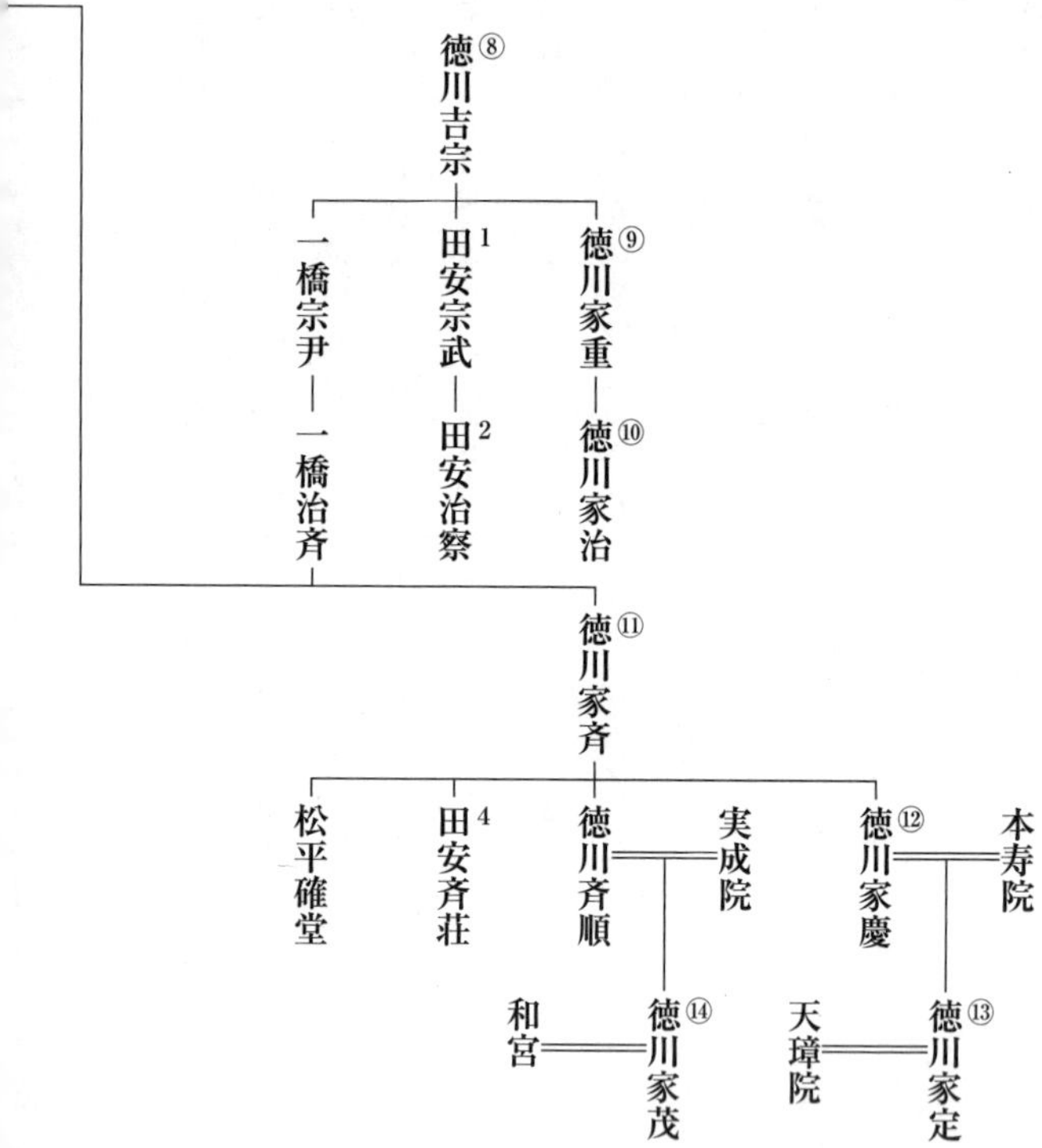

※○数字は徳川宗家(将軍家)
数字は田安徳川家

表1　徳川家達をめぐる系図

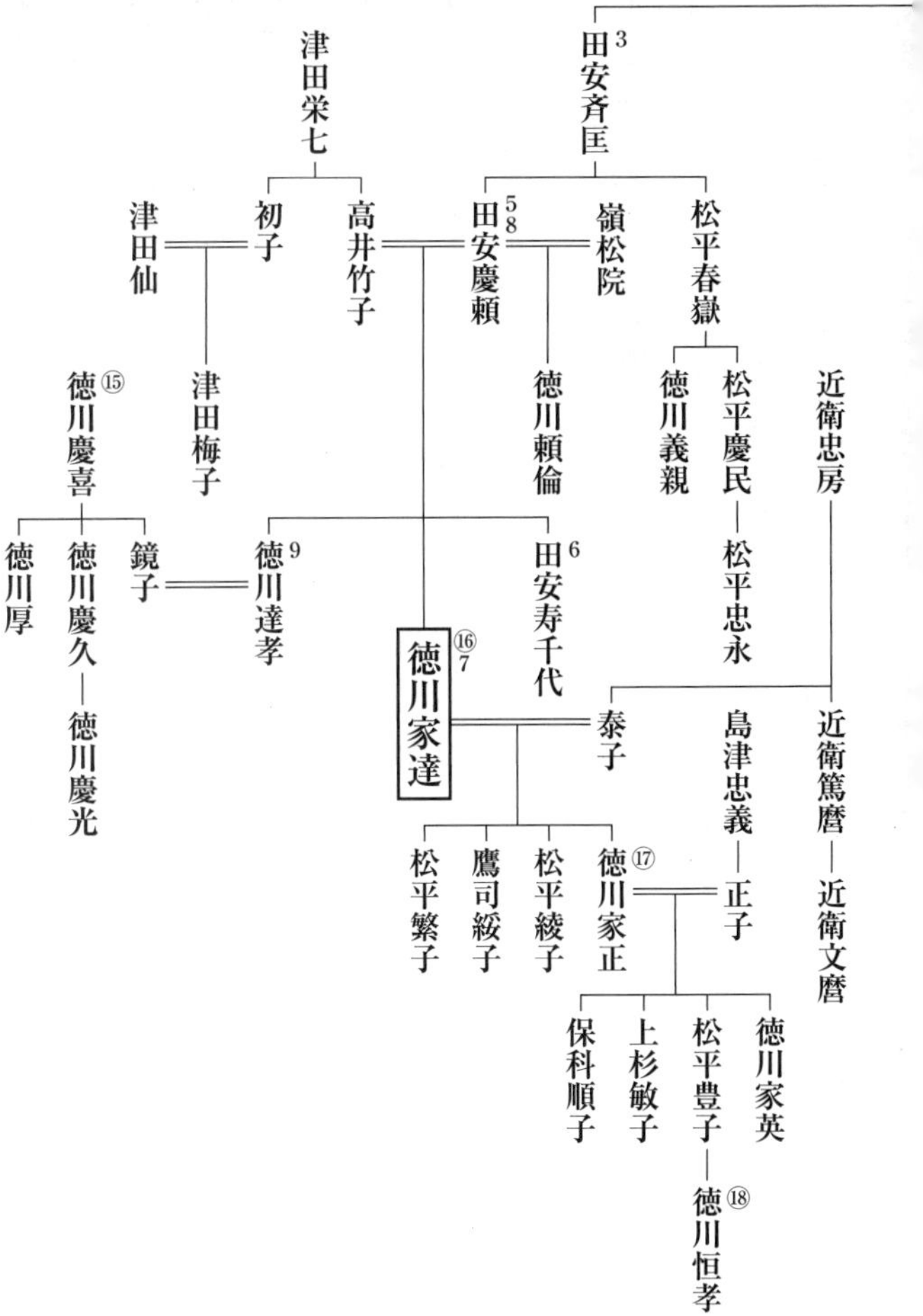

育者となった。仙の娘が日本最初の女子留学生の一人となり、現在の津田塾大学を創設した教育者津田梅子《うめこ》である。

つまり、田安亀之助（徳川家達）と津田梅子は、一歳違いの従兄妹どうしであった。先走って言ってしまえば、亀之助は幼くして徳川宗家（旧将軍家）を継ぎ、田安家を離れたため、それ以後、実の父母と接する機会はきわめて少なかったと思われる。慶頼は明治九年（一八七六年）、竹子は三十五年（一九〇二年）にそれぞれ亡くなっている。ただし、田安徳川家の法要に列席したのは当然として、女子英学塾の新築落成式に主賓《しゆひん》として招かれるなど、実母とその実家とのつながりは後々までも維持されたようだ（『津田仙の親族たち』）。

わずか四歳で徳川宗家を継ぐ

慶応二年（一八六六年）七月、十四代将軍家茂が大坂城で死去した。幕府の危急を救うため、年長で能力ある一橋慶喜を後継将軍に推《お》す和宮《かずのみや》に対し、十三代将軍家定の未亡人天璋院《てんしょういん》は、家茂の遺志であるとして田安亀之助を推した。

家茂と亀之助とは、父親どうしが従兄弟の間柄、すなわち本人たちはハトコの間柄であり、血筋という点からはふさわしい後継者候補であった。しかし、結局、幼い将軍を立てることは非現実的であり、慶喜が第十五代将軍に就いた。

前年の大政奉還、王政復古、そして正月に起きた鳥羽・伏見の敗戦を経て、慶応四年二月、謹慎した慶喜が上野に退去すると田安慶頼は松平確堂《かくどう》（斉民《なりたみ》）とともに徳川宗家の責任者の地位に就《つ》き、江戸府内の治安維持や新政府との交渉にあたることとなった。

慶頼・確堂は従兄弟どうしである。御三家や親藩の大名の中には、紀州藩や尾張藩のごとく、いち早く「官軍」（新政府軍）に恭順した者がいたいっぽう、会津藩や桑名藩など、薩長に対する徹底抗戦の姿勢を貫《つらぬ》く者もあった。旧将軍家と運命を共《とも》にしようとするような者は少なく、徳川一門といえども、それぞれは一個の独立した家であり、けっして一枚岩ではなかった。

そのようななかで、田安慶頼と松平確堂とは年齢面でも、在府しているという立場からも、危機に臨《のぞ》んで宗家の後《うし》ろ楯《だて》となるにふさわしい存在だった。

そして勝海舟《かつかいしゅう》らの努力により、新政府軍の武力による攻撃は回避され、四月十一日、江戸城は無血開城した。

慶応四年閏《うるう》四月二十九日、わずか四歳の田安亀之助が徳川宗家を相続すべき旨が新政府から発表された。翌日、田安邸から清水邸に移った。五月三日には松平確堂が、新政府からその後見人を命じられた。

五月一八日、亀之助は家達という実名を名乗ることとなった。そして同月二十四日には、駿河府中城主として七〇万石を下されることとなった。四〇〇万石の天領（徳川家直轄領）、そして旗本領を合わせれば八〇〇万石に及んだ徳川家の所領は、十分の一以下に圧縮されたのである。その領地は駿河国一円と遠江《とおとうみ》国・陸奥《むつ》国の一部とされたが、九月四日には陸奥国に替え三河《みかわ》国の一部とされた。

田安邸にいた時、家達にはお付きの女中が四〇～五〇人だったが、宗家を相続してからは百数十名になった。うち田安家から引き続き従った女中は七名だった。

食事の際には、一品一二人前を作り、それを一一人で毒味し、医者は時々診察を行ない、大小便の検査をしたという。「お抱守《だきもり》」は二名いて、毎晩交代で枕元に座りお守《も》りをした。江戸城でのそのような生活もわずかな期間であった。右に紹介した江戸城での様子は、家達に仕えた女中堀田《ほった》たま子が昭和二年（一九二七年）六月に語ったことである（『静岡市史餘録』）。

第二章　七〇万石のお殿様

駿河移封と激変した境遇

徳川家の移封にともない、それまで駿河・遠江に置かれていた七つの藩（沼津・小《お》島《じま》・田中・相良《さがら》・掛川《かけがわ》・横須賀・浜松）は、上総《かずさ》国・安房《あわ》国への転出が命じられた。ただし、藩主の居城はあくまで駿府《すんぷ》城であり、これら七つの城下には藩士たちが分散移住することとなった。夏から秋にかけ、万を越える家臣たちは、江戸改め東京から続々と駿遠《すんえん》の地に移住した。

当時詠《よ》まれた、「亀之助」の名を盛り込んだ落首が二つある（『原宿植松家日記・見聞雑記』）。

駿州江《すんしゅうへ》　大きな亀が　とび込《こみ》て　元を糺《ただ》せハ　姓かくほふだ
徳川の　亀にお（追）われて　房州江《ぼうしゅうへ》　紀伊《きい》ともい（言）わす　行《いく》か本多《ほんだ》か

二首目は、徳川家の移封の身代わりで、「キイー」とも泣かないで新政府の言いなりに安房国へ転出した駿河田中藩（本多紀伊守）のことを指していることがわかる。

一首目の「姓」が「くほふ」とは、「苦報《くほう》」（悪業のむくい）と「公方《くぼう》」（将軍）とをかけているものと考える。いずれにせよ、同じ並びで紹介されている別の句、「懐《ふところ》でもめる駿河の半紙（藩士）かな」、「忠義づら見せて府中（不忠）で飯を喰《くい》」と同様、徳川家と旧幕臣の駿河移封を皮肉ったものであろう。

家達の東京出立《しゅったつ》は八月九日、川崎・藤沢・小田原・三島・吉原《よしわら》・江尻《えじり》と宿泊を重ね（新潟市歴史博物館蔵・「三位様奥詰被仰付御役成後諸事留記」）、駿府に着いたのは十五日だった。中剃《なかぞ》りの大きなお河童《かっぱ》頭で黒縮緬《くろちりめん》の紋付《もんつき》羽織《はおり》に仙台平《せんだいひら》の袴《はかま》という姿で、溜塗《ためぬり》網代《あじろ》の乗物に乗っての道中だったが、田安家から付き従ったお年寄初井《はつい》が同乗したという。お供をしたのは一〇〇人足らずで、きわめて質素であった。

家達は途中、乗物の窓から景色を見て、あれは何？　これは何？　としきりに尋ねた。行き違う大名には将軍家時代と同様の慎《つつし》み深い会釈をする者もあったが、新政府軍の兵士らは路傍《ろぼう》の鳥を鉄砲で撃つなど、無遠慮きわまりない態度であった。お供の家臣たちは境遇の激変に感慨胸に迫るものがあったという（『維新前後の静岡』）。

興津《おきつ》宿《じゆく》本陣の宿帳には、

八月十四日御上《おのぼ》り
一《ひとつ》　徳川亀之助様
　御領主様御事《おんこと》
御中老《おちゆうろう》
　大久保《おおくぼ》一翁《いちおう》様
　川野
大目付《おおめつけ》
　加藤弘蔵《かとうこうぞう》様
御目付
　松平権之助様
　杉浦五郎八郎様（※原文ママ、八郎五郎と思われる）
御徒目付
　石川疏之助様

小山代助様
御勘定
竹尾正助様

とあり、御中老大久保一翁や大目付加藤弘之《ひろゆき》（弘蔵）らが付き従い、清見寺《せいけんじ》で小休したこと、本陣当主は裃《かみしも》姿で江尻宿まで見送ったことなどが記されている（静岡市立清水興津図書館蔵・「御大名様御休泊帳」）。

榎本武揚《えのもとたけあき》を討伐せよ

明治元年十一月には三カ月ぶりに東京に戻った。七日東京に着き、十八日には従三《じゅさん》位《み》、中将《ちゅうじょう》に叙《じょ》せられた。しかし、この時の上京はめでたいことばかりではなかった。同月、箱館《はこだて》の五稜郭《ごりょうかく》に立て籠もった榎本武揚軍の討伐を家達が命じられていたからである。

幼い家達が軍勢を率いて箱館まで遠征することは無理であったし、駿河へ移住したばかりの家臣たちにとっても箱館行きは無理難題であった。東京では、松平確堂が家達の出兵免除を出願し、また田安慶頼・一橋茂栄《もちはる》が連名で家達の代わりに自らが出征することを新政府に願い出た。慶喜の罪を赦《ゆる》し、彼に出征させるという案も出されたが、結局、新政府は徳川家自身の手による旧臣討伐計画を断念した。十二月五日、家達は駿府への帰途についた。

二年（一八六九年）四月一日、家達は再び東京に赴《おもむ》いた。途中昼休みをとった興津宿の本陣の宿帳には、御中老富永孫太夫《とみながまごだゆう》・御側御用人溝口八十郎《おそばごようにんみぞぐちはちじゅうろう》・大目付河田貫之助《かわだかんのすけ》ら一四名の名が記されており（「御大名様御休泊帳」）、それが全員だとすると供の人数はきわめて少なかったと言える。

東京着は六日。十三日には小川町《おがわまち》（現・千代田区）の旧榊原式部大輔《さかきばらしきぶたいふ》邸を静岡藩邸として下賜《かし》された。五月五日の端午《たんご》の節句には、一橋茂栄から祝儀が伝えられ、慰《なぐさ》みとして金魚一〇〇匹が贈られている。七月十四日、東京を出立、静岡への帰路につくが、一橋家では家臣を品川まで見送らせるなど、本家に対する分家としての礼を欠かさなかった（『新稿一橋徳川家記』）。

「宮ケ崎御住居」と呼ばれた、静岡藩時代の家達邸の門。家達の実家にちなみ「田安門」と呼ばれ、後に現在地（静岡市立高等学校構内）に移築された

なお、亀之助がいなくなった後の田安家の当主には、父慶頼が再び就いていた。

藩主の職務と日常

家達の東京滞在中、二年六月には駿府（駿河府中）が静岡と改称した。

なお、家達の駿府での最初の住まいは元城代《じょうだい》屋敷であったが、明治二年七月には浅間《せんげん》神社前の神官新宮兵部《しんぐうひょうぶ》邸に引き移った。この邸宅は、「宮ケ崎御住居《みやがさきごじゅうきょ》」と称されることとなった。元城代屋敷のほうは藩庁にあてられた。

同年七月十五日からは、城内御用談所に毎月一日、五日、七日、十日、十三日、十六日、十八日、二十二日、二十五日、二十八日に政務のため出勤することとなった。それ以外の日は学問や剣術の修業に励《はげ》むこととされた。何もわからないまま書類に判を押すのが仕事だったらしい。

もちろん、まだ幼い身であり、安倍川での川狩《かわがり》、花見、茸《きのこ》狩り、地引《じび》き網《あみ》見物など近郊への遊覧も時々行なわれた。

たとえば、二年三月六日には清水湊《しみずみなと》まで出向き、三保《みほ》海岸の羽衣《はごろも》の松などを鑑賞したり、漁師による網引きの様子を見たといった記録が案内した村人側にも残されている（『折戸村堀家文書』）。側近のトップである家令をつとめた大久保一翁は大きな器《うつわ》に入れた金魚を差し上げ、家達を慰めたという。

当時、奥詰《おくづめ》・家従《かじゅう》として近侍した川村清雄《かわむらきよお》（後の洋画家）は、家達はとてもおとなしい子どもだったと証言する。夜分は男の家来だけが近くに控えている部屋で寝るようになっていたが、けっして泣いたりしなかった。川村らを相手に「お客様ごっこ」などをして遊んだという（『女聞き書き徳川慶喜残照』）。

藩立の静岡病院を訪れた際には、頭（院長）の林紀《はやしつな》（研海《けんかい》）からビスケットを渡され、それを食べたことがあった。後でそのことを聞いた女中たちは、「異様のもの」を召し上がられたと言って驚き、毒消しのため護符《ごふ》を家達に差し上げたという。旧来許されていなかった肉食も、健康のために勧められるようになり、重役たちが協議したすえ、牛肉の団子を入れた吸い物などが供《きよう》されるようになった（「明治維新後の徳川宗家」）。日常生活の中でも将軍家以来の古い慣習は少しずつ除去されていったのである。

静岡藩主時代の徳川家達
（梅蔭寺次郎長資料室所蔵）

静岡病院医師をつとめていた蘭方医坪井信良《つぼいしんりょう》は、故郷にあてた書簡の中で、両上様《うえさま》（前将軍慶喜と現藩主家達）とも外出に際しては先払いをすることもなく、五〜六人の近習《きんじゅう》がお供をするだけで、以前の三〇〇〇石程度の旗本のような簡素な生活ぶりであると評している（『幕末維新風雲通信』）。

駕籠《かご》に乗り、お供を連れた視察

明治二年秋（後述の三年四月である可能性もあり）、家達は遠州《えんしゅう》の相良方面を視察したが、その時の様子は以下のようだったという。

黒漆塗《くろうるしぬり》の駕籠に乗り、お供は五〇人ほどだった。行列が通る約三〇分前には先導役が「下に居《お》れ」と声をあげた。道路には清浄な浜砂が敷かれ、沿道の両側には人々が莚《むしろ》の上に座り、合掌して藩主を迎えた。相良では廻船問屋《かいせんどんや》に宿泊したが、藩主が泊まるというので、同家では事前に雪隠《せっちん》（便所）に畳を敷《し》いたとして近所で大評判になった（『静岡県議会史』）。新時代にふさわしい変身をとげつつあった家達であるが、受け入れる側の一般民衆には領主に対する古くからの観念がいまだに強く残っていたと言える。

明治三年四月二日、家達は静岡を出立、領内の西方の巡見に向かった。酒井閑亭《さかいかんてい》・大久保一翁・溝口八十郎らが付き従い、郡政掛相原安次郎《ぐんせいかかりあいはらやすじろう》らが道案内した。三日には掛川から牧之原《まきのはら》を通行したが、途中同地で開墾に従事する藩士たちを謁見《えっけん》した。「文武之余暇開墾致し気之毒《きのどく》ニ御存被成《ごそんじなされ》」との上意を賜《たまわ》った。刀を鋤《すき》や鍬《くわ》に持ち替え土と格闘する日々を送っていた藩士たちにとって感激の一瞬だったに違いない。その日、家達一行は島田郡政役所で小休し、藤枝宿に宿泊したが、開墾方の隊士たちは矢口《やぐち》御渡場まで見送り、頭取たちは島田までお供した（島田市お茶の郷博物館蔵・「進達并達留」）。

同月二十日には静岡を出立し、今度は領内の東方を巡見した（小島・大宮・沼津泊、船で清水湊へ帰還という行程だった）。その際に出された布達によれば、休泊の際の三度の食事は「上下共一菜」の他は出してはならず、飯は麦でも米でもあり合わせでかまわない、菓子や茶も出すには及ばない、献上品なども必要ないとされた（『山中庄治日記』）。

また、お目見えを希望する藩士は、事前に名前を書き上げ提出することとされた。沼津兵学校附属小学校の教授をつとめていた藩士の日記には、二十三日「中将様小学校江《へ》御入有之《おはいりこれあり》　御目見《おめみえ》仕《つかまつり》候《そうろう》」とあるので、校内でお目見えを賜ったことがわかる（「沼津兵学校附属小学校教授永井直方の日記」）。同年代の子どもたちが学ぶ教室内での授業の様子も視察したのかもしれない。

二十四日には沼津城御殿で家臣たちを謁見したが、服装は平服でかまわないとされ、すべてが簡素化されていた。藩士、平野勝禮の日記には、二十四日「三位様御巡見沼津御泊《おとまり》ニ付《つき》御城ニ而《て》御逢在之《おあいこれあり》」と記されており、藩主時代と何ら変わることなく、「知藩事様へのお目見え」が大切な出来事だったことがうかがえる。

なお、沼津までの途中、二十一日小島（現・静岡市清水区）で謁見した家臣たちの中に、同地に移住していた鳥居耀蔵《とりいようぞう》の姿があった。鳥居は天保の改革期に老中水野忠邦《みずのただくに》の下で権力をふるったが、その後失脚し、丸亀《まるがめ》藩に長らく幽閉され、維新後赦免《しゃめん》され徳川家に帰参したばかりであった。老齢の鳥居は幼主との対面の感動を「大君《たいくん》御領分御巡視、俄《にわ》かに拝謁の命《めい》有り、急遽《きゅうきょ》これに赴《おもむ》き謁見 奉《たてまつ》る」と日記に記している

（『鳥居甲斐晩年日録』）。

また、巡見の供をした林紀によれば、白糸《しらいと》の滝《たき》を通り過ぎた際には藤の花が満開だったといい（沼津市明治史料館蔵・「茶農漫録 巻第三十九」）、領内巡見は家達にとっても公務としてばかりでなく、楽しい小旅行の意味も持ったであろう。

側《そば》近く仕えた家臣たち

明治三年（一八七〇）時点の静岡藩役職者を一覧にした木版の冊子『静岡御役人附』には、「宮ケ崎御住居」として家令《かれい》六名、家扶《かふ》一三名、一等家従七名、御伽《おとぎ》一名、二等家従一〇名、三等家従七名、一等下家従三名、二等下家従七名、家僕《かぼく》二五名、同奥《おく》掛《かかり》として家扶一名、二等家従二名、一等下家従四名、家僕六名が掲載されている（表2）。

これが家達の側近く仕えた近臣たちであった。二年九月六日には、御側御用人→家令、御小《お こ》姓《しょう》頭取・御用人並・奥詰頭取→家扶、御小姓→一等家従、奥詰→二等家従といった具合に役職名称が変更された。

これは、明治新政府が打ち出した職員令（二年七月）により、藩の職名も全国的に統一され、藩政と知藩事（藩主）の家政とが切り離され、公私の区別を明確にするという改革の一環であった。「宮ケ崎御住居」に勤務した藩士たちは、慶喜に仕えた「紺屋町《こうやまち》御住居」の者たちと同様、藩の行政的な仕事ではなく、主家の家政のみに専念する存在であった。

『静岡御役人附』には男性しか掲載されていないが、知事付の女中が一〇名いたという史料もある（明治三年閏《うるう》十月時点）。幼い家達の側近くに女性が仕えたのは当然であろう。なお、制度上は分離されたはずの藩財政と藩主家政とであったが、実際には藩の会計方による一元管理が続き、真の分離は廃藩後のこととなった（「静岡藩の成立と財政」）。

余談ながら、静岡藩時代に誰かが戯《たわむ》れに作成した、「花競《はなくらべ》見立《みたて》相撲」と題する家中の美男・美女の番付表（左ページ）がある。前頭には川村清雄・竹村謹吾《たけむらきんご》・一色純一《いっしきじゅんいち》・中根数江《なかねかずえ》・駒井長五郎《こまいちょうごろう》ら、家達に仕えた家扶・家従らの名前を拾い出すことができる。藩主の側近くに仕えるには、家柄とともに容姿も重視されたのかもしれない。

御免

花競見立相撲

東ノ方

大関	関脇	小結	前頭	前頭	前頭
東京	沼津	同	鷹匠町	寺町	草深
堀貞之助	佐野鎌吉	平岡鎮太郎	柳生進	奥野鐵佐	川村清雄

足洗	草深	八幡町	形羽町	鷹匠町	屋形町		北新長屋
土井萬太郎	溝口松次郎	高井清太郎	戸田惣太郎	中根數江	駒井長五郎	佐野留三郎	坪内鈴太郎

吉原	柚木町	桶屋町	屋形町	西新長屋裏	草深	同	北新長屋裏
加藤米藏	須田鍵次郎	天野十太郎	駒井源三郎	川口鉄藏	曾我斧次郎	小野孫七郎	木原平三郎

		草深		八幡村		七間町	横濱	
松下鐵市	駒井孝三郎	竹村謙吾	本多新	松平大三郎	長田銈太郎	本郷德太郎	竹村本五郎	本多辰三

寺町三丁目　八幡村　鉢間町　與屋町裏　川邊村　丸子　人宿町　同　草深　南新　長屋　新通

三宅鐵三郎　中山鎗八　酒井洵　林紀　神原操　飯島伊太郎　川邊榮三郎　隱岐彦太郎　服部豐一郎　一色純一　豐藤敬藏　畔柳助太郎

行司　勝守保　若松重

觀進元　朝比奈閑水　平ノク

西ノ方

大関	関脇	小結	前頭	前頭	前頭
鷹匠町	西新長屋裏	呉服町三丁目	赤坂	浅間前	同
中村利宇	宇津野縁	大和屋銀	滿田喜佐	酒井知賀	酒井知代

清水	傳馬町	北安藤	七間町	桶屋町	鷹匠町	柚木町	沓谷
一色登志	石河八重	荒川娘	本多多可	天野茂登	大久保妾	須田毛舞	服部妾

下足洗	安西新長屋裏	新長屋	赤坂	沼津	南新長屋裏	北新長屋裏	同
近藤多磨	石原津禰	小澤登與	菊之戸八重	瀬川勇	小堀妃	松下房	松平鐵

	宮ケ崎						八幡村	
佐野喜和	鈴木花	朝比奈妃	木原妃	鵜捨千代	坪内知砂	加藤よ知	長田妃	青野妃

大手前　呉服町裏　稲川　横内　呉服町　四ツ足　前　寺町　濱松　屋形町　馬場町　宮ケ崎　沓谷

神谷秀　林美與　鈴木勢伊　齋藤娘　酒井津家　長しげ　榎本馬爵　三宅ふ佐　松平娘　駒井嫁　千村妃　大久保妾　大森妾

静岡藩士の美男・美女番付表（『本道楽』改巻第９号所載）

「御稽古事《おけいこごと》」と呼ばれた教育

家達は、明治二年七月二十五日から政務のため駿府城内の「用談所」に入ることになったが、もっぱら「御稽古事」をしなければならない年齢でもあるため、政務を行なうのは二日おきとされた（『久能山叢書』）。先述の日程とは少し違うが、とにかく政務を行なうのは毎日ではなかったのである。

「御稽古事」、すなわち勉強は藩校で行なわれた。静岡藩の藩校は、静岡学問所（静岡学校とも呼ばれた）である。駿府城横内門内の元勤番組頭《きんばんくみがしら》屋敷を校舎として明治元年十月に開校した。生徒は青年組と幼年組（後に静岡小学校として独立）に分かれていたが、家達は幼年組の中で学んだ。出席は毎月数回で、小さな馬車で通ったという。

幼少で家督《かとく》を継いだ藩士が「お相手」として陪読《ばいどく》したが、家達は書院の大広間の上座に着き、陪読生徒ははるか下座の片側に座したという（『静岡市史餘録』）。

頭（校長）の向山黄村《むこうやまこうそん》・河田熙《ひろむ》の二人が主としてその教育を担当し、手跡《しゅせき》（書道）は木村二梅（市左衛門《いちざえもん》）、和学は中坊広胖《なかのぼうひろなお》（陽之助《ようのすけ》）が教えた（『静岡市史』）。明治三年（一八七〇年）八月に静岡学問所が木版で刊行した『三字経』という習字の教科書

表2　藩主徳川家達に近侍した静岡藩士たち

「御役名鑑」(明治2年正月)

役名	氏名
御側御用人	亀井勇之助　酒井録四郎　溝口八十郎
御小姓頭取	武藤徳太郎　岡金兵衛　伊丹鉄弥　貫志弥三郎　長谷川善之丞
御小姓	星野養太郎　杉浦銈太郎　戸川錝之助　竹村謹吾　中根主計　土井万之助　酒井権兵衛
御伽	山田雅吉
奥詰頭取	諏訪中務　高月左近　湯浅貫一郎　遠坂庄司　渡辺昇
奥詰	長坂血鎗九郎　滝村小太郎　高木隼人　駒井長五郎　大久保三郎　安藤吉次郎　川村清兵衛　小野弥七郎　加藤忠左衛門　一色純一

「静岡御役人附」(明治3年)

	役名	氏名
宮ケ崎御住居	家令	大久保一翁　亀井勇也　酒井録四郎　溝口八十郎　梅沢孫太郎(紺屋町御住居兼)　室賀竹堂(同前)
	家扶	加藤余十郎　諏訪中　高月庇　長谷川斎　武藤徳太郎　伊丹鉄弥　岡金十郎　貫志弥三郎　湯浅貫一郎　渡辺新　竹村謹吾　滝村小太郎　遠坂庄司
	一等家従	星野養太郎　杉浦桂　戸川錝蔵　中根数江　土井万太郎　酒井均　長坂血鎗九郎
	御伽	山田雅吉
	二等家従	高木新七　駒井長五郎　大久保三郎　安藤一　川村清雄　小野弥一　加藤忠治　一色純一　久貝甚三郎　木村香坪
	三等家従	倉地次郎太郎　明楽鋭三郎　川村富太郎　倉地久太郎　古坂与吉　疋田瓢吾　春田与八郎
	一等下家従	松井丈五郎　宮川勇次郎　中山惣三郎
	二等下家従	大竹三十郎　宇佐美俊蔵　柿沢運次郎　赤林留吉　山本安三郎　平井良平　有原左平
	家僕	(20名、雇5名)
同奥掛	家扶	加藤余十郎
	二等家従	萩原金弥　高木弥十郎
	一等下家従	斎藤豊次郎　向井勘蔵　森村益次郎　飯尾市太郎
	家僕	(6名)

（43ページ写真）があるが、書を担当したのは木村二梅であり、たぶん家達もこの本を使用したのではないかと思われる。洋学は外山正一《とやままさかず》・乙骨太郎乙《おつこつたろうおつ》が指導した（「明治維新後の徳川宗家」）。

　学問所での机上の勉強とは別に武術の稽古もあった。明治三年に沼津兵学校調馬《ちょうば》方《かた》から静岡学問所五等教授に転じた伊藤隼は、乗馬稽古の「御相手」をつとめた。伊藤は横浜語学所・幕府騎兵の出身者だったので、フランス語と西洋乗馬術に通じていた。

「御剣術御師範」「御剣術御相手」に任命されたのは浅利又七郎《あさりまたしちろう》・中条景昭《ちゅうじょうかげあき》・大草《おおくさ》高重《たかしげ》らであり、家達は中条・大草とその「隊中のもの」（牧之原の開墾に従事した藩士たち）を相手に剣術を学んだ。浅利は、千葉周作《ちばしゅうさく》の師として知られる小野派一刀流の剣客浅利又七郎義信の同名の養嗣子《ようしし》義明のことであろう。中条は心形刀流《しんぎょうとうりゅう》を修めた人である。特定の流派には縛られなかったのであろう。

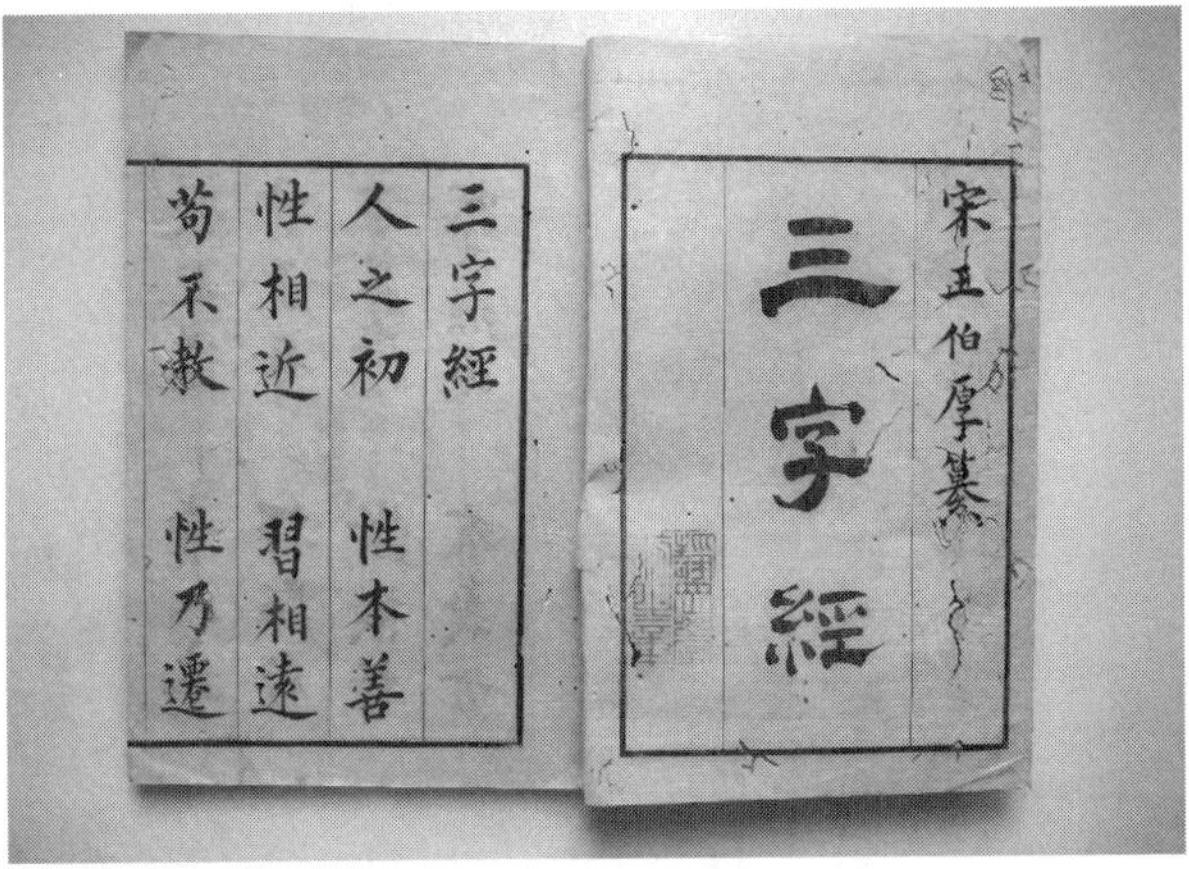

木村二梅筆による『三字経』（沼津市明治史料館保管）

静岡藩の陸軍士官学校・沼津兵学校

家達と静岡学問所との関係は述べたが、静岡藩におけるもういっぽうの藩校、沼津兵学校とは次のようなつながりがあった。

沼津兵学校は静岡藩の陸軍士官学校であったが、その生徒たちが藩主の御前において小隊運動を演じてみせる機会があった。それは正月十一日に行なわれ、操練《そうれん》御《お》見《み》置《おき》と称された。旧幕府時代、年始に江戸城で行なわれた「御《お》具《ぐ》足《そく》開《びら》き」（具足祝《いわい》とも）の式日に相当するものであった。ふだん、藩内の離れた場所にいる同校の生徒にとって、藩主の前に立てることは晴れがましかったに違いない。

最初の操練御見置は明治三年(一八七〇年)正月十一日、静岡の政事庁にて行なわれ、三等教授森川重申《もりかわしげのり》引率のもと、四四名の生徒が参加した。沼津兵学校の資業生(入試で合格した正式な生徒)は、当時一〇〇名以上いたはずであるが、この四四名がどのように選ばれたのかはわからない。

二日前に沼津を出立、銃を担《かつ》ぎ、ランドセル(背嚢《はいのう》)を背に行軍スタイルで静岡へ向かった。当日、御見置(上覧)が済んだ後は、家達の前で駿河半紙二五帖ずつが褒《ほう》美《び》として下されたほか、旅宿には藩の幹部権大参事《ごんだいさんじ》服部常純《はっとりつねずみ》から牛肉が届けられた(『同方会誌』)。

なお、翌四年(一八七一年)正月に操練御見置が行なわれたか否かは不明である。

第三章　若き公爵、イギリスへ

東京移住と御人減《おひとべらし》

明治四年（一八七一年）七月、廃藩置県が断行された。旧藩主の知藩事たちは華族の身分と家禄とを保証され、東京へ移住することとされた。

八月二十八日、家達は静岡を出立し東京へ向かった。藩士の日記には「快晴。君公東京に発駕《はつが》、拝送し奉る」（『鳥居甲斐晩年日録』）とあり、当日は新しい門出にふさわしく晴天だった。しかし、お供は八名、荷物は長持《ながもち》一二棹《さお》だけであり、とても質素な様子だったという（『木村熊二・鐙子往復書簡』）。出立の前には藩内に「見送堅断」（見送りは堅く断《こと》わる）との廻状《かいじょう》が出されたが（『旗本三嶋政養日記』）、実際には多くの藩士たちが沿道でお見送りをしたと思われる。

それより前の七月、静岡を去るにあたり家達は、「家達、知藩事の任を蒙《こうむ》りしより」「何分幼若《なにぶんようじやく》、深く真理を弁《わきま》えず、各方の輔翼《ほよく》にて今日に及び候事、悦《よろこ》ばしく存じ候」「向後益々《こうごますます》勉励、我が意に体認し、私心を去り、一分《いちぶん》を立てず、益々邦家《ほうか》の御恩《おん》為《ため》を顧《かえり》み思い、家達が微意《びい》に戻《もと》らず、邦家の恩に報答《ほうとう》せられ候よう頼み存じ候」といった告諭を旧臣たちに発した。もちろん、これは本人が書いたものではなく、勝海舟起草によるものである（『勝海舟全集』）。これは、いわば旧領静岡に対する別れの挨拶であった。

浅間神社前の邸宅「宮ケ崎御住居」には、その後も一年間ほど家臣たちが詰めていたらしいが、五年（一八七二年）九月、残っていた家扶・家従らに対しては、「御人減ニ付勤《つとめ》被免《めんぜられ》候事」という辞令が出され、四九名が一斉に罷免《ひめん》された。彼らには、「御幼年之処《ところ》是迄《これまで》格別骨折相勤《ほねおりあいつとめ》候ニ付《つき》別段《べつだん》之訳《わけ》を以《もつて》書面之通《のとおり》被下《くだされ》候事」という書付とともに職階に応じて三六〇両、三三〇両、二四〇両、一五〇両、一二〇両、一〇〇両、七五両、五〇両、三〇両の褒賞金も出された。女中も同様にリストラされた。

東京でも家従は六名を残し免職になった。九月十九日、「宮ケ崎御住居」の建物は人《ひと》見《み》寧《やすし》に引き渡された（新潟市歴史博物館蔵・倉地寛裕日記）。箱館戦争生き残りの旧幕臣人見寧は、同邸で集学所という学校を経営する。

東京では、小川町の旧静岡藩邸や牛込戸山《うしごめとやま》の旧尾張藩下屋敷などを経て、五年（一八七二年）には赤坂福吉町《あかさかふくよしちょう》の屋敷（元人吉《ひとよし》藩邸）に住むこととなった。同邸の購入代金は三八〇〇両だったらしい（『勝海舟全集』）。

敷地内の別棟には、天璋院（十三代将軍家定夫人）、本寿院《ほんじゆいん》（家定実母）、実成院《じつじよういん》（十四代将軍家茂実母）も侍女《じじよ》たちとともに住んだ。すぐ近くの赤坂氷川町《ひかわちよう》には勝海舟の屋敷があった。後に海舟の長男の妻となるアメリカ人の少女クララ・ホイットニーは、当時、家族とともに海舟邸に住んでいたが、たがいの家を行き来するなど、家達主従とも親しく交際した。

彼女は家達よりも二歳年上だった。明治九年（一八七六年）のクリスマスに来宅した家達の風貌について、「非常に威厳のある風采《ふうさい》の方で、とても色が黒く、濃い赤みがかった鷲鼻《わしばな》、細い眼、小さい弓形の口をしておられる」と観察している。その日は一緒にゲームをして楽しんだが、家達は罰ゲームにも嫌がらずに応じていたという。翌十年（一八七七年）一月十七日には徳川邸に招待されたが、広く立派な屋敷で大勢の使用人たちに囲まれ生活している家達の暮らしぶりを垣間見《かいま》て、「今日はなんとすばらしい日だったことだろう」（『勝海舟の嫁 クララの明治日記』）と感激している。

なお、明治十年（一八七七年）、徳川邸は赤坂から千駄ヶ谷《せんだがや》（現・渋谷区）へ引っ越した。現・JR千駄ケ谷駅の南側一帯に位置した千駄ヶ谷邸は、敷地面積一〇万坪を越える広大なものだった。家達がイギリス留学に旅立った後、十月に洋館が完成した。

明治初期、10歳頃の徳川家達(個人蔵)

外国人から英語を学ぶ

家達の教育は、廃藩後には場所を東京に変えながら旧臣たちによって続けられた。東京では河田熙・乙骨太郎乙らの家塾や中村正直《なかむらまさなお》の同人社に通学した（『家康・吉宗・家達』）。

五年（一八七二年）一月頃、東京戸山の元静岡藩邸内の長屋で乙骨太郎乙と同居していた元沼津兵学校資業生田口卯吉《たぐちうきち》は、乙骨が他出の際には「御代《おだい》けひこ」をしたという（『木村熊二・鐙子往復書簡』）。すなわち、家達は同じ邸内ということもあり、手軽に乙骨のもとに日々通学しており、乙骨が不在の時には田口が代理稽古をつとめたというのである。

静岡学問所にお雇い教師として招かれたアメリカ人のエドワード・ウォーレン・クラークやカナダ人宣教師・カクランに英語を学んだとする文献もある。クラークが静岡に赴任したのは四年（一八七一年）十月であり、静岡を去った家達とは行き違いであった。クラークに学んだとすれば、彼が上京し東京開成学校の教師に就任した六年（一八七三年）十二月以降、東京でのことであろう。

カクランは中村正直が東京で開いた私塾同人社の教師をつとめていたので、家達が同社でカクランに就いた可能性は十分ある。カクランは語学を教えるだけでなくバイブル・クラスを開き、キリスト教の教えを広めており、中村は七年（一八七四年）洗礼を受けるに至っている。ひょっとしたら家達も何らかの感化を受けたかもしれない。また、赤坂の邸宅では天璋院とも同居することとなり、その薫陶《くんとう》を受けたのもこの頃のことだった。

ところで、明治七年（一八七四年）、一〇歳の家達が書いた書の掛軸《かけじく》がある（写真）。晩年まで使用した「静岳《せいがく》」の号をすでに使っていたことがわかる。その由来について

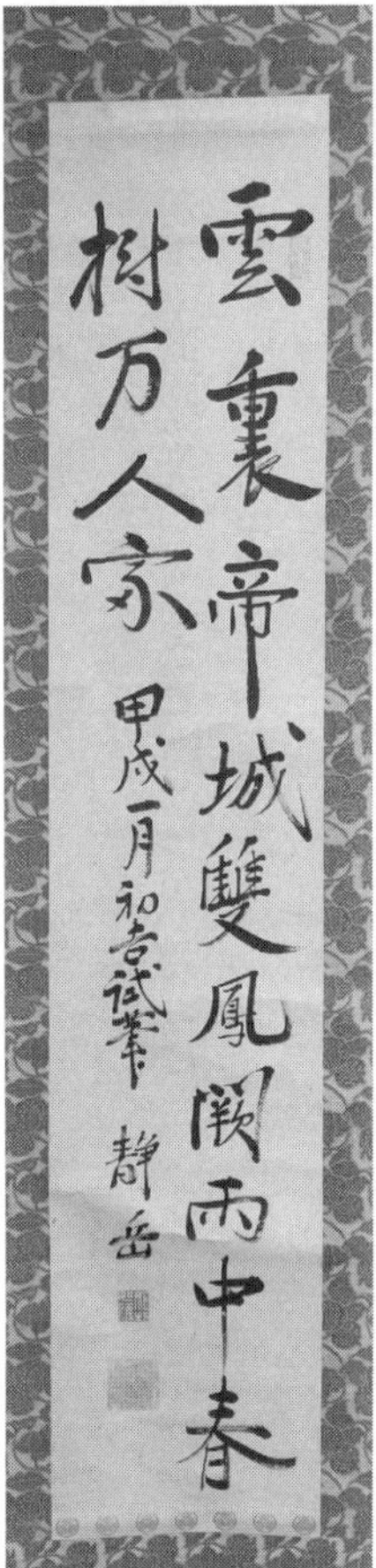

家達 10 歳の時の書
（沼津市明治史料館保管）

明確に記されたものを知らないが、たぶん「静岡」の「静」と「富岳」の「岳」ではないだろうか。

わずか数年で静岡を去った家達であったが、間近《まぢか》に見えた富士山の威容とともにそれは忘れられない思い出の地となったのだろう。

周囲の期待を担《にな》ったイギリス留学

明治十年（一八七七年）六月十三日、家達はイギリス留学のためフランスの汽船で横浜港を出航した。

東京の自宅を発《た》つ前、ホイットニー一家に別れの挨拶《あいさつ》に行った。クララはケーキを作り、家達に贈った。クララは日記に「彼がいつか祖先の地位を占めるようになるかもしれないという噂《うわさ》もある」と記しており、家達の留学が周囲の期待を一身に担ったものだったことがうかがえる。

留学に同行したのは、静岡藩時代から家扶・家従として仕えていた河田熙・竹村謹吾・大久保三郎・山本安三郎《やまもとやすさぶろう》であった。河田は幕府遣欧使節として、竹村と大久保は静岡藩派遣のアメリカ留学生として、すでに渡航経験を持っていた。

向山黄村は後年、河田にあてた書簡の中で「私事最初静岡於《おい》て三位公御素《そ》読《どく》教授《きょうじゅ》被命《めいぜられ》候節《せつ》も不及《およばず》末長く御教導上万分一《のうえまんぶんのいち》をも尽《つく》し可申《もうすべく》ト窃《ひそか》ニ喜罷在《よろこびまかりあり》候処《ところ》時勢一変《いっぺん》致し東京え御再任被為在《あらせられ》一時失望仕《つかまつり》候」（『稿本向山黄村伝』）と記し、幼主家達の教育に情熱を注いだが、廃藩置県によりそれが中断されたことに失望したと述べている。静岡から東京、さらにイギリスと長く主の側《そば》近くで傅育《ふいく》にあたった河田が羨《うらや》ましかったらしい。家達は徳川家の旧臣たちにとっては希望の星であり、その教育に携《たずさ》わることは最高の名誉であった。

イギリス留学に同行した竹村謹吾（個人蔵）

横浜で家達を見送った際、勝海舟は「今日御座候は、皆々の御補翼大いにこれあり」と述べ、晴れがましい外国留学を機会にこれまで支えてくれた家臣たちの労に報《むく》いなければなりませんと伝えた。家達はそれを素直に承知し、家扶には一五円ずつ、家従には一〇円ずつ、他に女中たちにも、いわば臨時ボーナスが支払われることになったようである（『勝海舟全集』）。

ロンドン到着は八月十四日、二十八日にはエジンバラに移った。同地では個人教授を受け、その後はイートン校で学び、卒業後はオックスフォード大学かケンブリッジ大学へ進学することを目指したともいい、ケンブリッジ大学に入学したとする人名事典もあるが、いずれも誤りであろう。

実際には、ロンドン郊外のシドナムのコーナー夫人方に寄留し、テーラー・ジョーンスが経営するシドナム・カレッジに入学したらしい（『斯文』）。同校は、私立の半分私塾のような学校にすぎなかった。はるか後年、日本の貴族院議長になった家達が久々にイギリスを訪問したことがきっかけで、同級生たちがはじめて学友会をつくったという（「私の父と私」）。

パリで旧臣たちに再会

十一年（一八七八年）八月から九月にかけてはフランスとイタリアを旅行し、パリで開催中の万国博覧会を見物、同地に駐留していた旧臣たちと邂逅《かいこう》した。たぶん仏国博覧会事務局員として出張中の平山成信《ひらやましげのぶ》・成島謙吉《なるしまけんきち》・三田佶《さんだただし》らと顔を合わせたのであろう。フランス留学中の水戸徳川家当主徳川昭武《あきたけ》にパリを案内してもらってもいる。

また、当時、公使館の書記生としてロンドンに赴任していた大久保利通《としみち》の息子牧野《まきの》伸顕《のぶあき》とも、同年配ということもあって親しく交際したといい（『斯文』）、幕府を倒した側の人物とも分け隔《わ へだ》てない人間関係がつくられたようである。

十三年（一八八〇年）には、その年七月までとしていた留学期間の延長を出願し、翌年十二月までとした。

留学中の詳細については明らかにできないが、日本にいる松平春嶽やイタリア留学中の川村清雄に英文で手紙を出すなど、まちがいなく英語には熟達していったようだ。地方議会を傍聴したり、ロンドンで街歩きを楽しむなど、机上の学問以外のさまざまな実地体験も積んだようである。天璋院にイギリスの物産品を送ったなどという新聞記事もあるので（『東京曙新聞』明治十三年六月二十二日）、母国への文通などは欠かさなかったのであろう。

ちなみに、十年から十四年（一八八一年）頃にかけて家達が川村清雄あてに出した手紙が四〇通余も残されており（江戸東京博物館蔵・川村清雄関係資料）、今後その解読が進めば、留学中の様子がよりいっそう明らかになるであろう。すでに紹介されたことのある書簡には、寄宿先のエルド夫人の姪《めい》が可愛《かわい》いので好きだ、このことは口外しないでほしいといったことが記されていて（『川村清雄研究』）、外国人女性に寄せた少年期特有の淡《あわ》い恋心が見てとれる。

いっぽう、家達の供をした人々もただ漫然とイギリスで過ごしていたわけではないようだ。河田熙は、ロンドンでは洋画を学んだ。年齢的に他の学問を習得するのは困難なので、油絵・水彩画・陶器焼付など一通りの手法を学んだという（『河田烈自叙伝』）。

歩兵差図役《さしずやく》頭取として鳥羽・伏見戦争に従軍した前歴を持つ竹村謹吾は、帰国後はもっぱら酒と詩を楽しむ生活を送り、官庁に奉職することはなかった。遺稿を実弟平山成信がまとめ、『誠斎詩草《せいさいしそう》』として刊行しているが、イギリス留学中に作った漢詩も少なからず収録されている。

大久保三郎は勝海舟と並ぶ徳川家の功労者大久保一翁の息子であり、帰国後は東京高等師範学校教授などをつとめた。

少し先のことであるが、帰国後の明治十六年（一八八三年）、家達は、留学時にロンドン・パリで知己になった人々を毎月一回の晩餐《ばんさん》に招待するという、「学友会」という名の親睦会をつくっている（命名は明治十八年十二月五日）。

会員には、家達の他、徳川昭武（水戸）、徳川義礼《よしあきら》（尾張）、竹村謹吾、山本安三郎、長田銈太郎《おさだけいたろう》、平山成信、三田佶、末松謙澄《すえまつけんちょう》らがいたようである。家達邸や昭武邸が会場になったほか、上野精養軒《せいようけん》、横浜グランドホテル、八百松楼《やおまつろう》、芝公園内紅葉館《こうようかん》、富士見町富士見軒、星ケ丘茶寮なども使用した（『戸定論叢』）。

異国の地でともに過ごした彼らは、主従の関係を越え、後々までも親しく交流し、思い出を語り合う仲間となったようである。

お殿様から華族へ

明治十五年（一八八二年）九月、家達はロンドンを発《た》ち、十月に帰国した。一九歳になっていた。翌十一月には近衛泰子《このえひろこ》と結婚した。泰子は、五摂家の筆頭として旧公家の最上位にあった近衛忠房《ただふさ》の長女であり、篤麿《あつまろ》（文麿《ふみまろ》の父）の妹である。家達夫婦は一男三女に恵まれることになった。

十七年（一八八四年）七月には、華族令によって、家達は公爵に列《れっ》せられた。同じ時、公《こう》・侯《こう》・伯《はく》・子《し》・男《だん》という序列のトップである公爵には、他に近衛・一条《いちじょう》・九条《くじょう》・鷹司《たかつかさ》・二条《にじょう》の旧五摂家《ごせっけ》と島津《しまづ》・毛利《もうり》・三条《さんじょう》という維新の功労者らが叙爵されている。

そもそも華族とは、士族や平民の上に位置づけられ、天皇を守護する「皇室の藩屏《はんぺい》」としての役割を求められた。華族の呼称は明治二年（一八六九年）に使われるようになり、旧来の公卿《くぎょう》（公家《くげ》の最上層）・諸侯《しょこう》（大名）を改称したものだった。

華族令では、五段階の爵位を定めたほか、公卿・諸侯といった家柄のみならず、勲功（明治維新への貢献度）による対象者も加えられた。日清戦争・日露戦争などで戦

明治28年撮影、徳川家達と妻子、慶喜の娘たち。左から家正、家達、経子（慶喜９女）、泰子（家達夫人）、糸子（慶喜10女）、筆子（慶喜４女）、国子（慶喜８女）（『歓迎会報告』所載）

功を挙げた軍人が叙爵されるなど、爵位を持つ者は次第に増えていき、戦後廃止されるまでに一〇〇〇を超える華族が生み出された。五等に分けられた爵位の当初における基準は、主として以下のようなものだった。

公爵＝摂家、徳川宗家、国家に偉勲ある者
侯爵＝清華《せいが》家、御三家、大藩諸侯（現米一五万石以上）
伯爵＝大臣《だいじん》家、大納言《だいなごん》宣任の例が多い堂《どう》上《しょう》家、御三卿、中藩諸侯（現米五万石以上）

子爵＝堂上家、小藩諸侯（現米五万石未満）、国家に勲功ある者
男爵＝維新後に華族に列せられた者、国家に勲功ある者

徳川一門では、旧御三家（尾張・紀伊・水戸）が侯爵、旧御三卿（一橋・田安・清水）が伯爵になっている。いわば旧幕時代の家格をそのまま踏襲したような形になっており、明治政府によって露骨な逆転や同格化などがなされることはなく、徳川宗家にとっても納得できるものだったろう（ただし水戸徳川家は昭和期に公爵に陞爵《しょうしゃく》）。

しかし、他の旧大名家の場合、幕府時代に定められていた家格は無視され、石高のみが単純な基準とされたため、不満を生んだ場合もあった。

いずれにせよ、徳川宗家が列せられた公爵家は一一家で出発し、華族制度が続いた七八年の期間、最多の時でもわずか一九家にすぎず、まさに華族の中の華族、選《え》りすぐられた存在だったことがわかる。

二十年（一八八七年）十月三十一日、明治天皇が千駄ヶ谷の邸宅に行幸《ぎょうこう》、翌日には皇太后と皇后が行啓《ぎょうけい》した。徳川家にとっては、後水尾《ごみずのお》天皇が二条城に行幸して以来、

二六一年ぶりの栄誉であった。

皇族や徳川一門（静岡の慶喜は含まず）はもとより、勝海舟・大久保一翁・山岡鉄《やまおかてっ》舟《しゅう》らも陪席し、明治政府と徳川家の和解を象徴するかのようなイベントとなった。総理大臣伊藤博文《いとうひろぶみ》以下の閣僚たちも招待されていた。明治初年以来、遠州牧之原で開墾に従事していた旧幕臣大草高重《おおくさたかしげ》ら十数名が流鏑馬《やぶさめ》の騎射を行ない、天覧に供《きょう》した。

この盛事を心から喜んだ松平春嶽は、「東照宮《とうしょうぐう》の御余光は申す迄《まで》もなし。先生・大久保・山岡両君抔《など》の御維新前後、今日に至る迄も徳川家の御為《おんため》、容易ならざる御尽力、御輔賛《ほさん》」のおかげであると、海舟・一翁・鉄舟らの功労に感謝した（『勝海舟全集　別巻　来簡と資料』）。

なお、この時、明治天皇が行幸した際の徳川邸の建物は、「日香苑」と名づけられ、その後も昭和期に至るまで「明治天皇聖蹟」として長く敷地内で保存されていた。

日清・日露戦争に従軍した旧臣たち

明治二十八年（一八九五年）十二月八日、千駄ヶ谷邸を会場にして「旧幕並《ならびに》静岡県出身陸海軍将校諸氏凱旋《がいせん》歓迎会」が開催された。会長は榎本武揚で、士族・平民の別なく、徳川家と静岡県とにゆかりのある出征兵士を招いた祝宴だった。静岡育英会、旧交会、静東会《せいとう》、碧血会《へっけつ》、静岡親睦会、江戸旧誼会《きゅうぎ》の六団体が協力して準備を担当した。

当日、会場を提供した家達は「天皇陛下の御威徳に由《よ》ると雖《いえど》も又豈《またあに》将士忠勇の致す所にあらさらんや」といった挨拶を述べ、日清戦争勝利に貢献した兵士たちの活躍を讃《たた》えた。

凱旋軍人代表の答辞では、戦勝は「日本男児の気魄《きはく》と三河武士の精神」の発揚であると述べられた。祝辞の中にも、「今や諸君は関東武士の後裔《こうえい》を以《もっ》て天皇陛下の忠臣たり」、「昔日《せきじつ》の関東武士に非《あら》すして日本帝国の男児たり」とあった。榎本は「天皇皇后両陛下万歳」「陸海軍来賓《らいひん》万歳」を三唱し、凱旋軍人代表は「公爵万歳」を三唱した（『同方会報告』）。

園遊会が始まる前には、陸海軍の将校らが「ヤッショ〳〵」のかけ声も勇ましく、家達をはじめ、徳川篤敬《あつよし》（水戸）、厚《あつし》（慶喜分家）、達孝（田安）の順番で胴上げをし

千駄ヶ谷の徳川邸で開催された歓迎会（『歓迎会報告』所載）

たという。貴人に対して少し失礼な気もするが、祝いの場でもあり、またそれが当時の流行だったのかもしれない。

日清戦争とその歓迎会は、徳川家とその旧臣たちとが、天皇や日本という国家への帰属意識を高めた一大イベントとなった。会場ではさまざまなアトラクションが行なわれ大変な賑《にぎ》やかさだった。凱旋軍人には記念品として、家達が揮毫《きごう》した「祝凱旋」「歓迎会」の文字が入り、徳川家ゆかりの一〇本骨の扇の馬標《うまじるし》がデザインされた朱色の木杯が贈られた。

そして、一〇年後の日露戦争でも同じことが繰り返された。明治三十九年（一九〇六年）四月二十二日、今度は日露戦争の凱旋軍人慰労会が千駄ヶ谷徳川邸で開かれた。祭壇の前で家達は戦没者のための祭文を読み上げ、玉串《たまぐし》を捧《ささ》げ、また遺族や凱旋者に対しては式辞を読み上げた。

凱旋者の代表として海軍少将細谷資氏《ほそやすけうじ》は、遠い昔に先祖が徳川家のために戦ったことを自《みずか》らの身と重ね合わせると、「感慨愈々《いよいよ》胸に満ち情極《きわ》まりて言ふ所を知らす」と答辞の中で述べた。その後、家達の発声で「天皇陛下万歳」、慶喜の発声で「陸海軍万歳」、榎本武揚の発声で「徳川家万歳」が三唱された（『同方会誌』）。

こうしたことを経ながら、徳川家は「皇室の藩屏」としての立場を明らかにし、明治国家とその中における自らの正統性を再確認しながら、大日本帝国の発展の過程に我が身を位置づけていったのである。

勝海舟の重要なアドバイス

家達には政治・行政の公職に就くことへの誘いがしばしばかかった。しかし、徳川家のお目付役的な立場にあった勝海舟は、家達が採るべき政治的な立ち位置について

(Photographed by the Author.)

KATZ AWA AND IYESATO TOKUGAWA IN GATEWAY OF GARDEN—KATZ ON THE RIGHT.

徳川家達（左）と勝海舟（『KATZ AWA』所載）

細心の注意を払い続けた。薩長政府によって徳川家の声望が利用されたすえ、傷つけられるのを恐れたからである。

明治二十九年（一八九六年）、家達は総理大臣松方正義《まつかたまさよし》と対面した際、「文部大臣はどうだ」と就任を打診されたが、「まだ経験もないから、何か低い所で、できるだけの事を致したい」と、逃げるようにして断わった。それを聞いた海舟は、良い心がけだと家達を褒《ほ》めたという（『勝海舟全集』）。

また、三十一年（一八九八年）、東京市長に推されたことがあった。静岡県出身で東京で活動した政治家角田真平《かくだしんぺい》は海舟にあてた書簡の中で、「市長公選の時は千駄ヶ谷様に御迷惑願上度《ねがいあげたく》」「旧江戸の事も思ひ起《おこ》し、歴史上の大関係も有之候得ば《これありそうらえば》」是非とも承諾してもらいたいなどと述べており、歴史的な地位をも利用すべく家達の担ぎ出しに動いたことがわかる。

しかし、「この間の（東京）市長の時も、おれが不承知だと言ったのサ」と言っているように、海舟が引き受けさせなかった。「こんな太平時代に、馬鹿々々しい。そんな事はしないで、人にお任せなさい」と言ったら、家達は「ハイハイ」と答えていたという（『勝海舟全集』）。家達から「市長の候補者を辞退したがどうだ」と言われ、それに対し海舟が「それはしごくよろしかろう」と答えたともあるので（『氷川清話』）、立候補辞退は家達自らの判断だったのかもしれない。

いずれにせよ、徳川家の当主たる者、つまらない公職にいそいそと就くようなことはせず、いざ国家の一大事というような時にこそ命を投げ出すような役割をはたすべきだというのが、海舟から家達へのアドバイスであった。

家達が貴族院議長に就任したのは明治三十六年（一九〇三年）のことだった。すでに海舟はこの世の人ではなかったが、生々しい政界の第一線というのとは違い、その職であれば許容したかもしれない。

徳川慶喜との微妙な関係

慶喜と家達、二人の年齢差は二六歳であり、親子ほどの違いである。幼い頃はそうではなかったであろうが、家達が成長するにつれ、慶喜との間には冷たいものが流れるようになっていったらしい。

静岡でひっそりと暮らしていた頃、慶喜は身分の上でも経済的にも、すべて宗家当主である家達の管轄下に置かれていた。東京から静岡へは「定例御廻金《おまわしきん》」「御賄料金《おまかないりようきん》」などと呼ばれる送金がなされ、慶喜家の生活費にあてられた。家令・家扶なども宗家の名で任命され、慶喜は家達から送られてきた辞令を手渡すだけだったという（『その後の慶喜』）。

公爵となり東京に移住してからも、慶喜は家達に対し、さまざまな場面で遠慮を続けていたようだ。慶喜の孫娘が伝えるところによれば以下のような具合である。

慶喜は宮中に召される際には馬車を宗家から借りたり、子女を嫁《とつ》がせる時にもできるだけ宗家の意向に沿うようにした。すべて家達に譲ってしまったため手元に家宝などは何もなかったので、しかたなく旧御三家・御三卿などの諸家から掛軸などを譲ってもらい、体面を保った。さる旧大名家に招かれた際、慶喜が先に到着し上座に座っていたところ、後から着いた家達に「私の座るところがない」と言われ、あわてて席を譲ったという。家達は常々、「慶喜は徳川家を滅《ほろ》ぼした人、私は徳川家を立てた人」と言っていたという（『菊と葵のものがたり』）。

明治 21 年に撮影された徳川慶喜（右）と家達
（『旧幕府』第２巻第９号所載）

別の孫娘も、「御宗家は（中略）第六天《だいろくてん》とは比べものにならない立派さだった」（『徳川慶喜家の子ども部屋』）と邸宅について比較した回顧を残しており、両家の格差を身にしみて感じていたらしい。第六天とは慶喜家のことである。慶喜家の邸宅が、小石川区小日向第六天町（現・文京区春日）にあったことからそう呼ばれた。

ただし、宗家のほうでも、目ぼしい道具がないのでいつも同じ軸がかかっているとか、出席しなければならない婚儀の際に着るべき衣冠束帯《いかんそくたい》がなかったので田安家から借りたといったこともあったようなので（『同方会誌』）、両家の格差が客観的なものだったのかどうかはわからない。しかし、いずれにせよ慶喜・家達二人の間にすきま風が吹いていたことは、子や孫たちにも伝わったようである。

家達は、自分は「明治以後の新しい徳川家の初代だという意識が強くて、将軍家の十六代ではないと口に出して」いたという（『花葵』）。あくまでそれは晩年のことかもしれないが、もし若い頃からそのような意識が芽生えていたのだとしたら、慶喜との感情的な齟齬《そご》が生まれるのは無理もなかった。

慶喜が静岡から東京に移住したのは明治三十年（一八九七年）。そして、かつての江戸城である皇居に参内し、明治天皇に謁見したのは明治三十一年（一八九八年）三月二日のことだった。一度は朝敵の汚名を着た慶喜であったが、ようやく名誉を回復した。

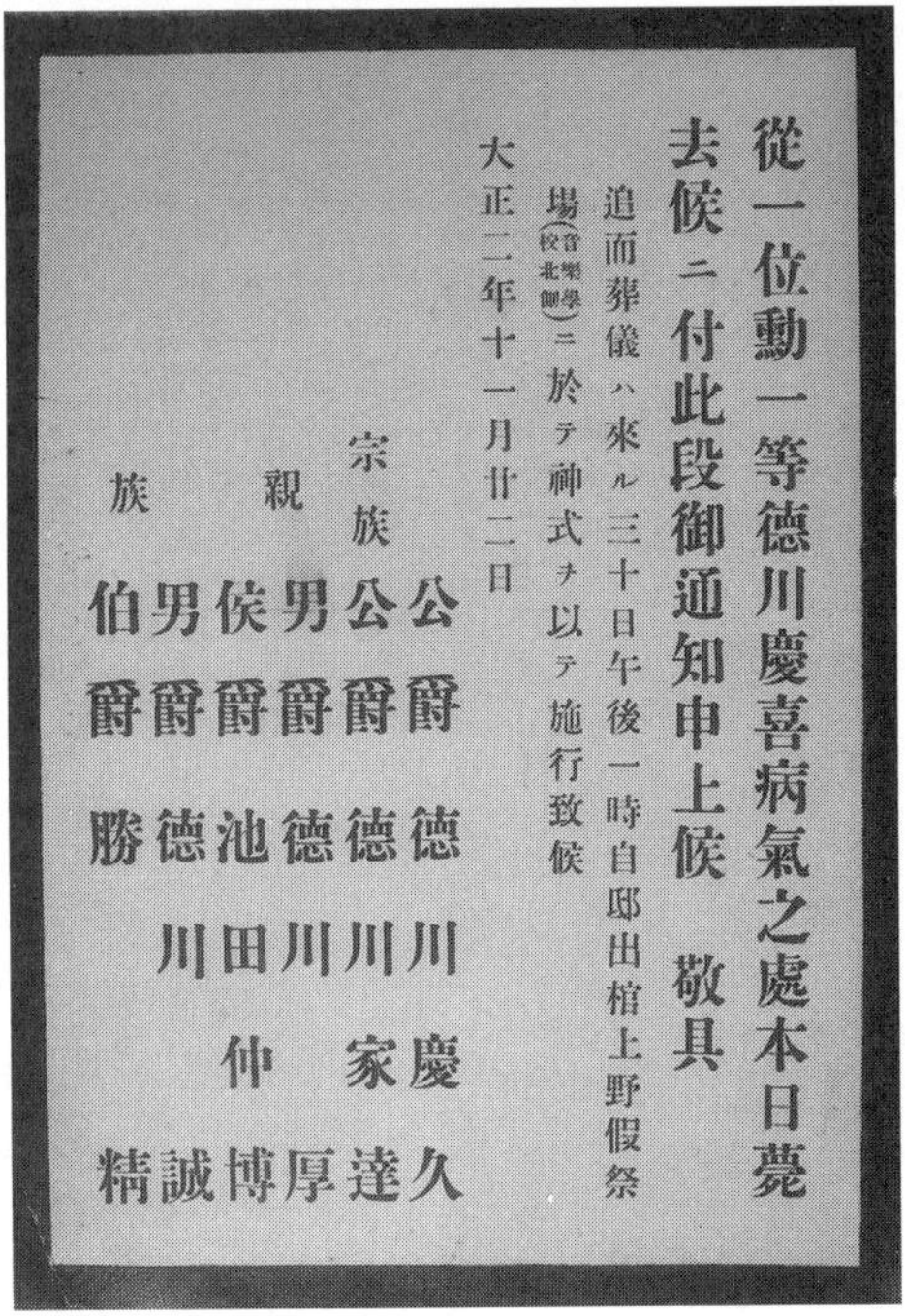
從一位勳一等徳川慶喜病氣之處本日薨
去候ニ付此段御通知申上候　敬具
追而葬儀ハ來ル三十日午後一時自邸出棺上野假祭
場(音樂學校北側)ニ於テ神式ヲ以テ施行致候
大正二年十一月廿二日
宗族　公爵　徳川慶久
公爵　徳川家達
親族　男爵　徳川厚
侯爵　池田仲博
男爵　徳川誠
伯爵　勝精

徳川慶喜葬儀の案内状（沼津市明治史料館所蔵）

続いて三十五年（一九〇二年）六月には公爵に列せられ、宗家当主である家達に厄介になっているという立場から、独立した一家の主《あるじ》となった。家達は日露戦争の行賞により明治三十九年（一九〇六年）に勲一等旭日大綬章《きよくじつだいじゆしよう》を授与されたが、慶喜も四十一年（一九〇八年）には同じ勲章を授与され、二年遅れで追いついている。

勝海舟は、両者の関係に対し、かなりの神経を使っていたようである。慶喜のことを徳川家存亡の危機を招いた張本人とみなし、冷たい態度をとっている家達のことを危ぶみつつ、いっぽうでは慶喜に対しても謙虚な姿勢を取り続けることを要求していた。

しかし、それも両公爵家が並立したこともあり、やがて時間が解決していくこととなる。慶喜の死は大正二年（一九一三年）のことである。

第四章　幻《まぼろし》の徳川家達内閣

貴族院の本質と役割

家達は、明治二十三年（一八九〇年）、帝国議会が開設された際、貴族院議員に就任した。公爵・侯爵は満二五歳（後には三〇歳）になると、全員が自動的に貴族院の終身議員になることが規定されていたからである。

伯爵・子爵・男爵の場合は、互選により定数の議員が選ばれ、その任期は七年とされた。貴族院議員には、華族議員以外に勅選議員、多額納税議員（後に帝国学士院会員議員も加わる）などもいたが、時期によって変遷はあるものの華族議員は、常に約半数の議席を占めた。

納税資格を課した制限選挙ではあっても、衆議院は一定の民意が反映されるしくみになっていた。それに対し貴族院は、華族という特権階級や官僚、資本家・地主といった経済的支配階級に基盤を置いたことからも明らかなように、ごく単純化してとらえれば、天皇の主権を守り、民主主義の伸長や政党勢力の浸透を押さえ込むことがその使命であった。今日的観点からすれば、とんでもない保守反動であり、敗戦後の民主改革によって廃止されたのは当然である。

貴族院の建物（個人蔵）

マッカーサーが目論《もくろ》んだ衆議院のみによる一院制ではなく、貴族院に代わった参議院が加わることによって、日本の国会は現在まで続く二院制となったのであるが、その参議院の役割は、多数党の暴走や腐敗を防ぎ、党利党略や過度の対立抗争を抑制し、公正中立による政治の安定をはかることにある。「良識の府《ふ》」と呼ばれるゆえんである。

衆議院の優越（首相指名、法律案議決、予算議決、条約承認、内閣不信任決議）は規定されているものの、それは相対的なものにすぎず、参議院を無視して国会運営は行ないえない。とはいえ、衆議院との違いはきわめて小さく、参議院は常にその存在意義を問われ続けている。「ねじれ国会」は参議院の存在感を発揮しているようでもあるが、いっぽうでは「決められない政治」の弊害が叫ばれている。

戦後の参議院・戦前の貴族院が、衆議院の行き過ぎにブレーキをかけるという機能は同じようであり、現状維持という保守的姿勢が優先するのは共通するようにも見える。

しかし、戦前の衆議院と貴族院は、今日の衆議院と参議院よりも対等だった。参議院が衆議院のコピーでしかないといったこともなく、貴族院には独自性があった。衆議院の政党勢力が貴族院に及ぶことはごくわずかだった。

現実の政治においては、現在の参議院よりも貴族院はずっと大きな力を持っていたのだ。たとえ、それが民主主義に反する方向への力であったとしても。

貴族院議長となる

明治三十六年（一九〇三年）、家達は、その貴族院の議長に選出されるに至った。文部大臣や東京市長を蹴ったことは先に述べた。明治三十二年（一八九九年）には、宮内省の爵位局長（後の宗秩寮《そうちつりょう》総裁）岩倉具定《いわくらともさだ》が自分の後任に推薦するなどのこともあったが実現していない。

岩倉は、「爵位局長の地位は宮内大臣の下に属すれ共《ども》」「徳川家として別に品位を落《おと》すと云《いう》べからず。又《また》人として温良の性質ある同公の事なれば尤《もっと》も適任なりと思ふ」（『近衛篤麿日記』）と述べたといい、旧将軍家としての家柄を考慮し、それにふさわしい役職か否かにかなり気を遣《つか》っていた様子がわかる。

家達にとって、貴族院議長のポストは爵位局長などよりもずっと意に適《かな》う、プライドを満足させるに足るものだったに違いない。家達を議長に就任させるにあたっては、首相桂《かつら》太郎《たろう》が山県有朋《やまがたありとも》あてに「閣下に於《お》かれ候ても、是非、陛下の思召《おぼしめし》を以《もっ》て迄《まで》徳川公を御希望に候哉《そうろうや》」と問い合わせしており（『公爵山県有朋伝』）、首相が申し入れる程度ではすまないので、天皇が直々《じきじき》下命したほうがよいだろうとの検討がなされていた。

貴族院議長をつとめた家達の任期は、明治三十六年十二月～四十三年（一九一〇年）

十二月、四十三年十二月〜大正六年（一九一七年）十二月、同六年十二月〜十三年（一九二四年）十二月、同十三年十二月〜昭和六年（一九三一年）十二月、同六年十二月〜八年（一九三三年）六月であり、実に五期・三一年の長期にわたった。

ちなみに、家達以前の議長は、伊藤博文（明治二十三〜二十四年）、蜂須賀茂韶《はちすかもちあき》（〜二十九年）、近衛篤麿（〜三十六年）。以後の議長は、近衛文麿（昭和八〜十二年）、松平頼寿《よりなが》（〜十九年）、徳川圀順《くにゆき》（〜二十一年）、徳川家正《いえまさ》（〜二十二年）といった具合である。

その間、日露戦争、大逆事件、韓国併合、第一次世界大戦、米騒動、朝鮮三・一独立運動、関東大震災、治安維持法・普通選挙法施行、金融恐慌、満州事変、国際連盟脱退など、国内外では大きな出来事が目白押しであった。大正デモクラシーから十五年戦争へと向かう、変化に富んだ激動の時代である。

国民多数の民意を反映した衆議院が政治史の中心とみなされがちであるが、貴族院も、衆議院とぶつかり、政党と対立し、官僚閥に対抗するなど、それぞれの政局において大きな影響力を発揮した。時の政権の言いなりになっていたばかりではない。閣僚を送り込んだこともあり、さらには貴族院そのものを基盤にした内閣が生み出されたこともあった（戦前、衆議院議員が首相になったのは三名にすぎず、それ以外の多くの首相は貴族院議員や議席を持たない者がつとめている）。

現在の参議院とは比較できないほど大きな存在感を持っていたことは先述したとおりである。その長として責任ある地位にあった家達は、これら内政・外交上の諸事件に対して多少にかかわらず何らかの役割を担ったはずである。

議長としての評価

議長、あるいは政治家としての家達については、以下のような評価があった。

近衛篤麿の後任として議長になった際には、冷笑をもって迎えられ、またそれを危ぶむ者も少なくなかったという。貴族院の中には、学識においても勲功においても大先輩とも言うべき人物が多く、家達のごときはあたかも「大人《たいじん》群中の小児《しょうじ》」にすぎなかったからである（『東海三州の人物』）。

議長に就いて数年が経過する頃には、「家達公の貴族院議長振《ぶり》は人の感歎《かんたん》する所で、流石《さすが》に二百八十藩を統率した趣《おもむき》がある、（中略）貴族院議長は余《あま》り六《むつ》かしい職でなく、大抵《たいてい》きまり切《き》つて居《い》るらしいが、今は従来の議長よりも重味の加《くわわ》つた所がある、（中略）三百年間天下様と仰《あお》がれた後嗣だと見ゆる丈《だけ》の事はある。（中略）徳川内閣は往々《おうおう》人の想ひ及ぶ所である、家達公は威望も有り、才幹も有り、首相たるに堪《た》へさうであるが、堪ふるならば時機到来と共に内閣を組織するが善いか、又は辞退するが善いか。（中略）家達公は未《いま》だ老年でない、議長以下更《さら》に大《おおい》に為《な》すべきことはないか、疑問は依然として残つて居る」（「徳川家達公論」）などの評価がなされた。これを記した三宅雪嶺《みやけせつれい》は、家達の議長ぶりを評価しつつ、早くも首相となる可能性などについて考察している。

同じ雑誌では、「多分《たぶん》未来の総理大臣を夢みて居らるゝ事と思ふ」「是《これ》から偉《え》らい事をするのか知れぬ。先以《まずもつ》て公は現在では未知数だ」などとの論評もあり、議長職だけにとどまるのか、それ以上の野望や才能を秘めているのか、識者の見方は分かれていた。

鵜崎熊吉《うざきくまきち》著『閥人と党人』（一九一三年、東亜堂書房）には、「徳川家達論」と題する批評が載る。公爵議員一三人のうち、議員らしく活動しているのは家達と二条基《にじょうもと》弘《ひろ》のみであるとし、二人を比較する。

二条が三曜会・懇話会・土曜会に属し、藩閥と対立する立場を鮮明にしていたのに

大正前半、50歳代の徳川家達
(『静岡県大正画鑑』所載)

対し、家達は「無色透明にして何の政団にも当《あた》り障《さわ》りなく」、議長職に似つかわしい。しかし、その姿は「政治家にあらずして貴族院の高級事務家」にすぎない、西園寺《さいおんじ》が出ようと桂が出ようと彼には関係なく、ただ議場の整理を行なうだけを任務としていて、「今日に至るまで恐《おそ》らく誰人も彼の口より政治談を聴きたる者なからん」という。確固たる政見を持った真の政治家ではないと、厳しい批評となっている。

また、粗末《そまつ》な食事を摂り、自動車を持たず、いまだに古馬車や人力車に乗っている点など、平民的な生活をしているいっぽう、家人・使用人等による大仰《おおぎょう》な送迎ぶりは貴族的であり、他家を退《しりぞ》け関白家の第一位たる近衛家から妻を迎えたこと、議長として議員に対する態度は「征夷大将軍《せいいたいしょうぐん》の三百諸侯に臨《のぞ》むが如《ごと》く、飽《あく》まで威圧的」であると指摘するなど、その私生活や人柄についても評価は辛《から》い。そして、「要するに人物としては格別称《しょう》するに足らざるも、議長としては確かに忠実の二字を冠《かん》するに堪ふ」と結ぶ。

政治家としての資質云々《うんぬん》ではなく、単純に議長の職務遂行という面においては、高評価が多かったようだ。議場の整理という議長の本分において、「公事に於《おい》ては公は又一点の情誼《じようぎ》を許されない」という、その公平性は「理想的議長の態度」であったとされる。重要な議事がある際には、衆議院の傍聴席には必ず家達の姿があったといい、その勉強ぶりには感心させられたと尾崎行雄《おざきゆきお》も述べている（「徳川家達公論」）。

家達は議員の姓名・経歴から性格まで、知悉《ちしつ》していた。議場で「ノー」とか「ヒヤヒヤ」といった賛否の大声を出すことなどをとても嫌った。拍手をすることさえ制止したことがあった。衆議院とは違い貴族院は体面を重んじるべきであるという考えから、厳粛さ、静粛さを求めたという（『斯文』）。

組閣の大命《たいめい》が下る

そのような政治家としては未知数の可能性を秘めていた家達に、実際に首相就任の白羽の矢が立ったことがあった。

大正三年（一九一四年）一月、ドイツで日本海軍の高官に対する贈賄が明るみに出て、いわゆるシーメンス事件が発覚した。山本権兵衛《やまもとごんべえ》内閣に対する弾劾《だんがい》が議会の内外で高まり、軍艦建造費が否決され、大正三年度予算が不成立となったことで、三月二十四日山本は退陣した。

　後継首班を誰にするかが松方正義・山県有朋・大山巌《おおやまいわお》の元老たちによって協議され、国民の反発を避ける意味で閥族色の薄い徳川家達が推薦されるに至った。山県は、「徳川公は中正の人にして、門閥と云ひ徳望と云ひ、首相とするに申分《もうしぶん》なしと雖《いえど》も、別に行政上の経験ありとも思はれず、且《か》つ余は其《そ》の手腕力量の如何《いかん》を知らず」と、不安を感じながらの推薦だった（『貴族院と立憲政治』）。

　家達は、同月二十九日、大正天皇のお召《め》しにより参内《さんだい》したところ、後継内閣を組閣すべしとの内命を受けた。即答を避け、熟考の上、翌日奉答《ほうとう》するとして退出したが、伏見宮貞愛親王《ふしみのみやさだなる》に対しては大命受けがたき旨を言上した。伏見宮からその意を聞いた元老たちは、旧幕臣の貴族院議員平山成信を千駄ヶ谷邸に派遣し、再度の説得を試みたが、家達の辞意は固かった。同日夜には、徳川達孝・頼倫《よりみち》・厚らが集まった同族会が開かれ、家達はこのことについて相談したようである。

　そして翌日、参内し、自分は首相の器にあらずとの理由で拝辞を申し出た。家達の辞退を受け、その後は清浦奎吾《きようらけいご》による組閣が試《こころ》みられたが流産し、四月十六日、大《おお》隈重信《くましげのぶ》内閣が成立することとなった。

組閣辞退について、牧野伸顕は、「徳川家としては慶喜将軍を以《もっ》て、政治的方面は一段落としたい御考《おかんが》へと、万一《まんいち》叡慮《えいりよ》に背《そむ》き奉るやうな失政を演じてはといふ深き慮《おもんぱかり》からではあるまいか」（『斯文』）と推測する。

しかし、家達がまったく政治に関心がなかったというわけではなく、牧野が宮相・内相をつとめた時代にはしばしばやって来て、政治上の考えを述べたり、意見を聞いたりしていたともいう。

当時の新聞記事にも、格別の自信があるのならばともかく、ただ漫然と大命を拝受するのは止めたほうがよい、何か問題が起こってしまったとしたら本人のみならず一門全体にも迷惑がかかることになる、まだまだ春秋に富む身であり、今後も君国に尽くすチャンスはあるはずなので、今回は拝辞するのが賢明である、という旧臣・貴族院議員某の意見が紹介されている（『東京朝日新聞』大正三年三月二十日）。一族や旧幕臣たちの間でも慎重論が大勢を占めたものと推測される。

この時のみならず、政治的な事柄全般について、「政治問題に就《つ》きては、永年の御経験から相当御意見もあつたでせうが、慎重に構へて滅多《めつた》に可否を言はなかつた。たゞ判《わか》らぬ場合には私共に御下問もなさるし、御自身も熟慮された」といった証言もある（『斯文』）。

家達は生々しい政治の第一線からは距離を置き、家名を傷つけないよう常に細心の注意を払っていたと推測される。勝海舟の遺訓を守り続けていたというべきか。

柳田国男《やなぎたくにお》との確執

貴族院議長時代のエピソードとしては、貴族院書記官長柳田国男との確執がある。柳田は、家達が組閣を辞退した直後の大正三年（一九一四年）四月からその職にあり、家達の下で仕事をしていたが、人間関係のこじれから、八年（一九一九年）十二月二十三日に辞職した。この一件は、柳田の伝記的研究上、少なからぬ研究者たちによって言及されてきた。

二人の間に不和が生じたのは、柳田自身も「十分な諒解もとらないで、長い大陸旅行をしたことが非常に私の人望を害してしまった」（『柳田國男全集』）と述べているように、彼が公務をないがしろにしていたことに原因があった。民俗学研究を志す柳田にとって、官吏としての本務は桎梏《しっこく》となりつつあった。後年には、「徳川家達氏が柳田君の学問に同情がなかったため」（『新村出全集』）という見方にもなる。

ともあれ家達は、職務に専念せず勝手なことをしている柳田を見過ごすことができず、貴族院書記官長を辞職させ、他へ転出させるべく、裏面での工作を行なった。柳田は、自分に面と向かって直接何も言わず、手下を使って陰で糸を引くようなやり口をしながら、裏工作などしていないと嘘をついた家達に憤慨《ふんがい》し、相手側が謝罪するまでは絶対に身を引くことはしないと、態度を硬化させた。

家達の裏面工作を担当した者、二人の間で連絡・仲介・情報提供などの役割をはたした者には、岡野敬次郎《おかのけいじろう》、石渡敏一《いしわたびんいち》、山内長人《やまのうちおさひと》、柳田直平《なおひら》（国男の養父）、倉富勇三《くらとみゆうざぶ》郎《ろう》（宮内省官僚で直平の親友）らがいた。岡野・石渡・山内は旧幕臣の出であり、基本的に家達の側に立っていた。

柳田の徹底抗戦に困惑した家達は、首相原敬《はらたかし》に泣きついた。実弟の徳川達孝・頼倫らも西園寺公望《きんもち》にまで問題解決を頼み込んだ。結局、家達側が柳田に謝罪したのか、柳田があきらめたのかは不明ながら、最終的に柳田の辞職によって一件落着となった。

柳田に辞職を納得させたのは原敬の力だった。総理大臣たる原がこの小さないざこざに介入したのは、家達を利用することで貴族院に対する立憲政友会の影響力を強めようという意図の一環であった。

いっぽう、柳田が反抗を続けた理由には、家達の「私行」(女性問題)があったという説もある。後述するように、少し後には同性愛をめぐる醜聞《しゅうぶん》も噂された。しかし、柳田はそのようなことを言い立てたことはなかったようである(「柳田国男、官界を去る」)。

「貴人と英傑《えいけつ》の列伝を組合せたやうなものが言はゞ昔の歴史ではありませんか」(「郷土誌編纂者の用意」)という言葉からもわかるように、常民《じょうみん》(庶民)の日常生活を重視する民俗学の創始者となる柳田には、英雄・豪傑だけを取り上げるような歴史は真実の歴史ではないという思いが強かった。そのような柳田が、歴史上の英傑の子孫たる家達をどのような目で見ていたか。日本の華族について、「さして陰険《いんけん》な悪党でもなく、また怖《おそろ》しいほどに有害でもない」（一九二四年の講演）と述べた言葉からも、因襲的・特権的存在を侮蔑《ぶべつ》していたことがうかがえる。

また、柳田が農政官僚として抱いていた、道徳に重きを置く報徳運動（二宮尊徳《にのみやそんとく》の思想を実践する農村運動）への違和感は、静岡県の遠州地方を基盤として発展した大日本報徳社とそのボスである岡田良平《おかだりようへい》・一木喜徳郎《いちききとくろう》兄弟らに対する批判であり、その批判のまなざしは旧領主として彼らとのつながりが浅くない家達に対しても向けられたのかもしれない。

家達の寵愛《ちようあい》を受け、また岡田・一木兄弟と同郷で、報徳社にも深く関与していた河井弥八が、柳田の後任として貴族院書記官長に就任したのは単なる偶然か。しかし、ここまで言ってしまうとこじつけかもしれない。あくまで二人の対立には政治・思想面での背景はなく、単純に感情的なものだったのだろう。

いずれにせよ、こうして柳田は官吏を辞《や》め、以後は学問の世界で生きることになった。皮肉な言い方になるが、徳川家達は柳田を官界から追うことで日本民俗学の確立に貢献したと言える。

貴族院の派閥と政治工作

貴族院には、衆議院の政党とは違う政治会派が存在した。また華族（有爵）議員とそれ以外の議員との間の勢力争いもあった。任期と選挙（互選）がある伯・子・男爵議員たちは同志を結集する必要があったのだ。

なかでも子爵議員が中心となって結成した会派である研究会は、一部の侯・伯・男爵や勅選議員も加わり、最盛時には議席数の半数近くを独占するなど、長年にわたり貴族院最大の勢力を維持した。貴族院を牛耳《ぎゅうじ》ることは、衆議院が予算先議権を持つ以外には両院同格であった帝国議会そのものの動向を左右することとなり、反対するにせよ賛成するにせよ、時の政権に大きな影響力を発揮することになった。

明治二十四年（一八九一年）の結成以来、研究会は、会長を置かず、幹事や常務委員による集団指導体制が取られていたが、ある時期会長制を取ろうと、家達を初代会長（総裁）に担ぎ出そうとした。

結局、その案は立ち消えになったが、それは、研究会と接近することで貴族院工作を行なった首相原敬が、当時立憲政友会との提携を主導していた研究会幹部の子爵水《みず》野直《のなおし》と相談し、目論んだことだったとされる。水野は、官僚出身の勅選議員優位の研究会を有爵議員中心のものへと変化させる役割を演じた主役であった。研究会側としては、家達の前には西園寺公望、後には近衛文麿を総裁候補として考えたことがあった（『貴族院の会派研究会史　明治大正篇』）。ただし、この件に関して家達自身がどういう意向だったのかはわからない。

昭和二年（一九二七年）十一月、家達は貴族院議員の院内交渉団体（発足時は社交団体）である火曜会に入会した。政党内閣に追従する研究会への批判から同会を脱会した近衛文麿が幹事に就任し、世襲議員の公爵五名、侯爵一六名が結集した新団体であった。火曜会は九年（一九三四年）には四〇議席以上を有し、大きな勢力となった。

政治的に無色透明とされた家達も、時代の進展とともに党派活動の影響を受け、少しずつ変わっていったようにも見えるが、はたしてどこまでの主体性があったのだろうか。

スキャンダル

華族社会のトップの地位を占めた「選ばれし者」の一人である家達にとって、華族会館と学習院の存在は切っても切れないものであった。

華族会館は、明治七年（一八七四年）に華族の研学討論のための施設として開設された。しかし、教育機能が十年（一八七七年）設置の学習院に移され、また華族の自治的な監督・統制機関としての役割も宮内省華族局（後の宗秩寮）に移ったため、その後は華族の社交場としての機能のみとなった。

三十七年（一九〇四年）四月には社団法人となった。明治二十七年（一八九四年）から昭和二年（一九二七年）までは元の鹿鳴館《ろくめいかん》の建物が華族会館として使用された。家達は明治四十一年（一九〇八年）二月から昭和十年（一九三五年）二月まで華族会館の館長をつとめている。

また、大正五年（一九一六年）一月には学習院評議会会員に選ばれた。学習院は華族の子弟の初等・中等教育のために設けられた学校であるが、一般人の生徒も受け入れた。華族会館から離れた後は宮内省管轄の官立学校として位置づけられた。評議会

華族会館となった鹿鳴館の建物（上）と学習院校舎
（いずれも個人蔵）

は大正五年に設置されたもので、重要事項の審議を行ない、それを宮内大臣に建議するという機能を担った。

大正八年（一九一九年）四月には家達が学習院評議会議長に就いたが、その頃の会員構成は有爵者一〇名、教育経験者六名、宮内省高等官等五名だった。昭和十年（一九三五年）三月には会員を辞している。

華族会館・学習院と家達をめぐっては、表沙汰にならなかったが、ひとつの醜聞があった。先にも登場した倉富勇三郎（当時、宗秩寮総裁事務取扱）が日記に書き留めたことで、大正十一年（一九二二年）二月七日条に、牧野伸顕から聞いたこととして次のように記されている。

四、五年前、華族会館にたびたび宿泊した家達は、「会館の給仕を鶏姦《けいかん》」し、その事実が暴露されそうになったため一万円の示談金で事を収めた。その一件があったため、家達を学習院院長に就かせることに強硬に反対した者もあり、就任は実現しなかった。これらが事実であることは、牧野が当時の宮内大臣に確認しており、また家達の弟徳川頼倫も兄の素行について批判していたという（『枢密院議長の日記』）。

第五章　協調路線と暗殺未遂

社会事業への取り組み

家達は四〇以上の公共的団体の長をつとめたが、なかでも医療・福祉や労働など、社会事業団体への関与が多かった。

明治末から大正・昭和初期にかけての社会事業団体では、皇族を総裁としてトップに戴《いただ》き、その下に徳川家達が会長に就き、さらに渋沢栄一《しぶさわえいいち》が副会長などとしてそれを支えるというパターンが出来上がったと言える。臣下としては最高の家柄を誇る家達、日本資本主義のチャンピオンとも言うべき渋沢、旧幕府ゆかりの二人がこのような役割を担ったのは奇《く》しき縁《えにし》と言えようか。

東京慈恵会は、貧者を病の苦痛から救うという目的で明治十五年（一八八二年）に設立された団体である。皇后の「御眷護《ごけんご》」の下に置かれ、総裁は有栖川宮威仁親王《ありすがわのみやたけひと》妃慰子《やすこ》や竹田宮恒久王《たけだのみやつねひさ》妃昌子《まさこ》がつとめた。

家達が会長に就いたのは、社団法人となった年、明治四十年（一九〇七年）五月だった。妻泰子も他の貴婦人たちとともに評議員に加わった。副会長は渋沢栄一がつとめた。会では附属医院や附属医学専門学校（現・東京慈恵会医科大学）を設け、看護婦養成も行なった。医院は関東大震災で焼失したが、寄付金募集や皇室からの下賜金によって昭和五年（一九三〇年）に新築された。総会には皇后が行啓し、病室の患者を慰問するのが恒例行事となっていた。行啓にあたっての家達の「恐懼戒心《きようくかいしん》」ぶりは格別のもので、皇室からの毎年二回の御下賜品に対しても自ら監督するなど、峻厳そのものだったという（『斯文』）。

下層社会を視察

明治四十四年（一九一一年）八月、家達は恩賜財団済生会《さいせいかい》の顧問を委嘱された。同会は、二月十一日に発せられた勅語と皇室からの下賜金一五〇万円をもとに同年五月に設立されたもので、「施薬救療《せやくきゆうりよう》」すなわち貧窮者に対する医療福祉を目的とした。総裁は伏見宮貞愛親王、会長は桂太郎だった。家達以外に顧問に名を連ねたのは、山県有朋・大山巌・井上馨《いのうえかおる》・松方正義・西園寺公望・大隈重信・板垣退助《いたがきたいすけ》・渋沢栄一・渡辺千秋《わたなべちあき》ら元老クラスの人々だった。

家達は、華族会館長としての立場で華族たちに対して寄付金の勧誘も行なったほか、大正二年（一九一三年）十二月には、死去した桂に代わって会長に就任した。同会では病院を建設したり、診療所を設置するなどの活動を行なった。設立の時期が示しているように、天皇の名による貧者救済という行為は、前年に検挙が始まった大《たい》逆《ぎゃく》事件が世間に与えたショックに由来していた。家達自身も直接現場を見て回る機会もあったようで、以下のような新聞報道がある（読点筆者）。

徳川公の横浜細民窟《さいみんくつ》視察　襤褸《おしめ》の下まで潜水《もぐ》つて巡視す

徳川家達公は済生会長として大谷《おおたに》本部理事長、北里《きたさと》医務部長等を随《したが》へ八日午前八時十四分横浜駅に着し、直《ただち》に案内役なる渡辺《わたなべ》内務部長済生会理事原富太郎《はらとみたろう》氏等と四台の自動車に分乗して横浜市内の細民部落を視察した、先《まず》岡野町済生会病院敷地に赴《おもむ》き浅間町の長屋を一巡して西戸部の保育院に行き渡辺玉子の経営してゐ《い》る子供預り所の状況を見て久保山の孤児院に到り、四日夜拾ひ上げた嬰児《えいじ》の無心にミルクを啜《すす》るを見て公爵は思はず面《おもて》を背けた、此処《ここ》で松樹を手植して、更《さら》に私立平沼小学校を視察し銀杏《いちょう》を手植した後、附近の乞食《こじき》谷と呼ばるゝ部落に入り、襤褸の下を潜りな

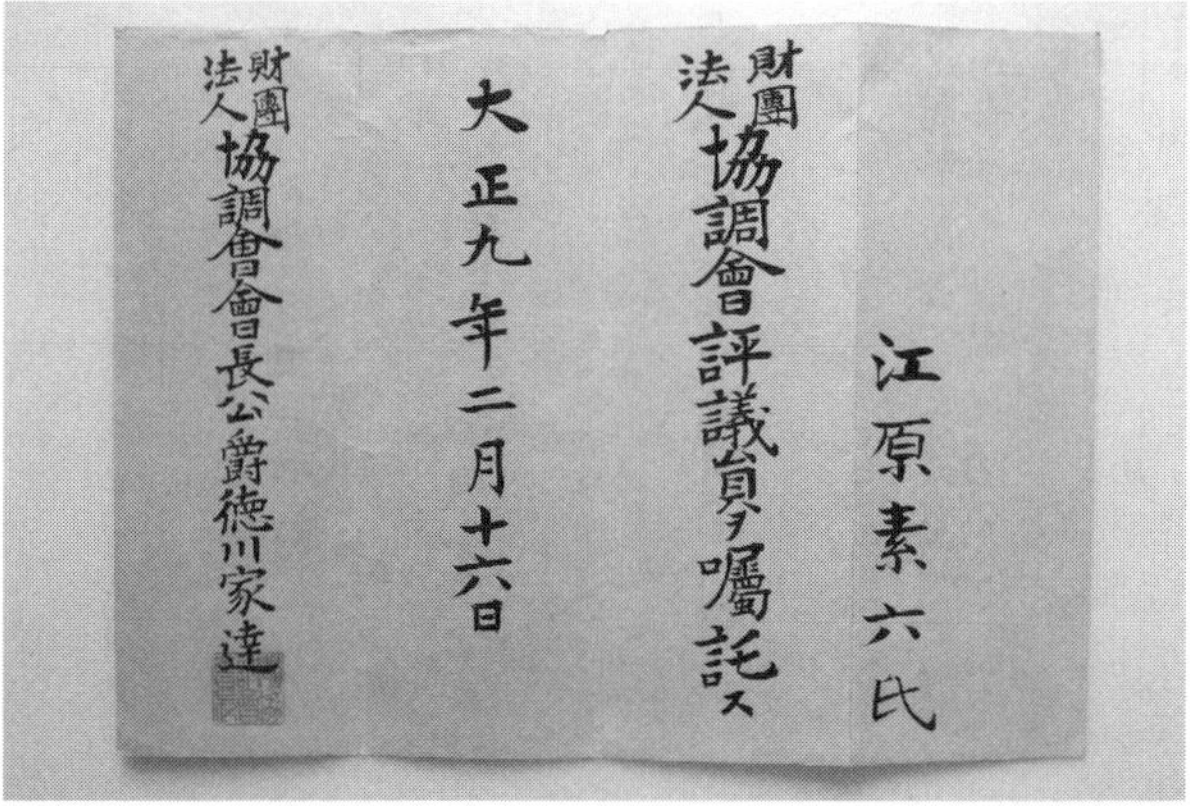
江原素六氏
財團法人協調會評議員ヲ囑託ス
大正九年二月十六日
財團法人協調會會長公爵徳川家達

会長家達名による協調会評議員の辞令（沼津市明治史料館所蔵）

がら仔細《しさい》に巡視し、夫《それ》より中村町の警醒学校附属児童教育所其他を見て、埃《ほこり》にまみれ汗だく〳〵になつて帰途に就いた（『東京朝日新聞』大正七年七月九日）

下層社会の現実を目《ま》の当《あ》たりにした家達は、いかなる感想を持ったであろうか。

大正八年（一九一九年）十二月、家達が協調会の会長に就任したのも、渋沢栄一が副会長として補佐してくれることを条件に受け入れたものだった。大戦景気によって日本経済はおおいに発展したが、そのいっぽうで労働問題の深刻化や労働運動の高まりが見られた。政財界にとってはロシア革命の影響も脅威となっていた。そこで、首相原敬と内務大臣床次竹二郎《とこなみたけじろう》が音頭を取り、資本家と労働者との協調を目指して設立されたのがこの組織であった。

家達は、八月に開かれた発起人会では座長をつとめ、十二月に財団法人として設立が認可されると会長に就任した。協調会は、財界からの寄付金や政府の補助金などによって運営され、社会政策に関する調査・研究、政府の諮問《しもん》への答申、講演会・講習会等による啓発、労働争議の仲裁和解、機関誌・年鑑等の発行などを行なった。

大正十五年（一九二六年）頃には事業の停滞や一部幹部の政治的行動に対する批判を受け、辞意を表明したこともあったようであるが、亡くなる年、昭和十五年（一九四〇年）二月に辞表を提出するまで会長の任にあった。

大正十二年（一九二三年）九月一日の関東大震災を受け、華族会館では罹災者を救済するため、摂政裕仁《ひろひと》皇太子の意を汲《く》み「震災同情会」を結成し、会館と会員が約一〇〇万円を支出し、衣類などの寄付も行なった。

同会の会長は華族会館長としての家達がつとめ、副会長は侯爵蜂須賀正韶《まさあき》と子爵前田利定《まえだとしさだ》だった。平時における慈善事業などと同じく、災害や戦争などの非常時には、華族がはたすべき社会的役割はいっそう期待されたのであった。

なお、関東大震災による千駄ヶ谷の徳川邸の被害は僅少《きんしょう》だったが、石塀はすべて倒れた。出入りの書生が朝鮮人と誤解され、邸内に朝鮮人が逃げ込んだとして一騒ぎが起きたともいう（『春は昔』）。

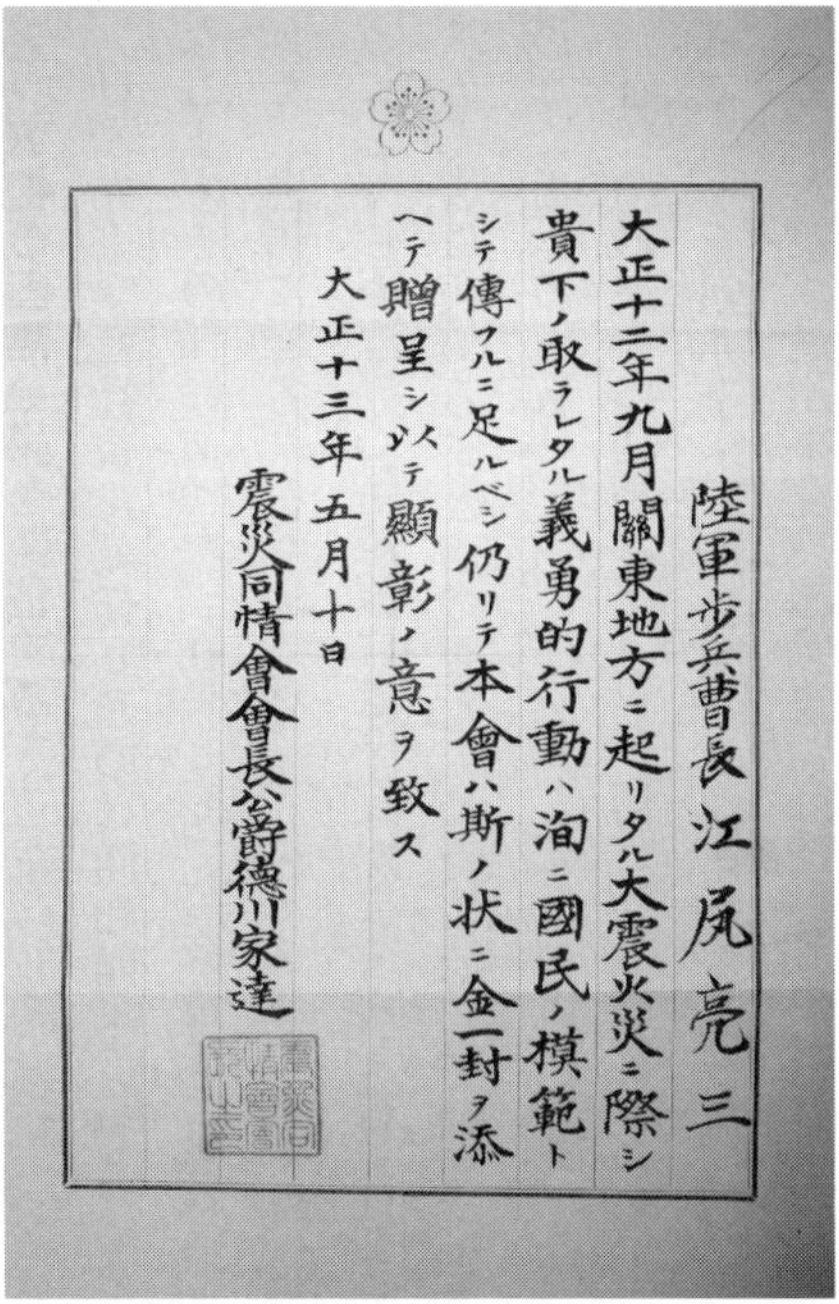

陸軍歩兵曹長江尻亮三

大正十二年九月關東地方ニ起リタル大震火災ニ際シ貴下ノ取ラレタル義勇的行動ハ洵ニ國民ノ模範トシテ傳フルニ足ルベシ仍リテ本會ハ斯ノ状ニ金一封ヲ添ヘテ贈呈シ以テ顯彰ノ意ヲ致ス

大正十三年五月十日

震災同情會會長公爵徳川家達

会長家達名による震災同情会の謝状

（国立歴史民俗博物館所蔵）

アジア初の国際会議を開催する

日本赤十字社社長に就任したのは昭和四年（一九二九年）十一月であり、以後亡くなるまでその任にあった。社長としての家達は、隔日で半日ずつ出勤して公務をこなした。書類に署名するだけでなく、タイプライターの文書には直筆の文章を加えるようにしていた。いつも手帳には予定がきちんと書き込まれていたので、会議の予定もスムーズに決めることができた。社員に対しては徽章《きしょう》の佩用《はいよう》を励行《れいこう》させ、自らも実践したという（『斯文』）。

在任中の最大の功績は、アジア初となる東京での赤十字国際会議の開催である。東京で第十五回赤十字国際会議が開催されることは、五年（一九三〇年）の段階で決まっていたが、満州事変や国際連盟脱退を受け、日本に対する国際世論が厳しくなり、その成功が危《あや》ぶまれていた。

家達は八年（一九三三年）八月から翌年四月にかけて自費で渡航し、欧米各国の赤十字社や当局者に対して東京開催の重要性を説き、参加を促《うなが》すための根回しを行なった。その努力は報われ、九年（一九三四年）十月二十日から二十九日、東京で開催

昭和８～９年渡米時、ハリウッドでの家達、家正（右端）、孫の豊子（左端）、俳優ゲーリー・クーパー（左から２人目）
（『週刊国際写真新聞』第56号表紙）

された赤十字国際会議には、五四カ国の赤十字社代表一九九名のほか、四五カ国の政府代表八一名、国際連盟等の諸団体代表二三名が参加し、成功をおさめた。

満州侵略をめぐって対立が深まりつつあるなか、アメリカは七八名を派遣し、この会議に協力した。明治十年（一八七七年）に誕生した日本赤十字社の発展がピークを迎えたことを示していた（『日本赤十字社と人道援助』）。

すでに日赤は、満州事変や上海事変に際して臨時救護班を送り込むなどの活動を行なっていたが、その後、日中戦争から太平洋戦争へと戦争が全面化するにつれ、博愛精神や人道を重んじる立場は打ち捨てられ、すべてが偏狭なナショナリズムによって圧倒されていくことになる。日赤の活動も国策や軍への協力のみとなっていった。この矛盾を家達はどのように受け取っただろうか。

余談ながら、昭和八年から翌年にかけての家達の渡欧に関連して、宮内省宗秩寮総裁木戸幸一《きどこういち》は日記に「困ったものだ」（『木戸幸一日記』）と書き残している。

それは、家達がこの外遊に女性を同行したことが新聞沙汰《ざた》となったからであった。内大臣牧野伸顕の日記にも「家達公《こう》洋行中妾《めかけ》を携帯したる由《よし》」（『牧野伸顕日記』）とある。新聞記者をしたこともあり、英語が得意だったその女性は中西京子《なかにしきようこ》と言い、日本共産党の中条《ちゆうじよう》（宮本《みやもと》）百合子《ゆりこ》と親交があるとされた。関係者は、徳川家の浮沈に関わるスキャンダルに発展するのではと心痛し、中西だけを先に帰国させることにしたという。

イギリス皇太子を自邸に招く

家達は海外にもよく名前を知られ、外国の事情にも通じ、また英語にも堪能なことなどから、公私それぞれの立場で外国の賓客と接する機会が大変多かった。そのため、「私設外交官」「私設外交の雄」などと評された。やはり、その方面でも渋沢栄一とのコンビがまま見られた。

大正八年（一九一九年）二月、第一次世界大戦終結のためのパリ平和会議で国際連盟規約が採択された。六月に調印されたベルサイユ条約にも盛り込まれ、翌年一月、国際連盟が正式に発足した。

軍備縮小、安全保障、仲裁裁判による紛争の平和的解決や委任統治による少数民族保護などがその目的とされた。各国では民間においてその精神を普及する運動が進められることとなり、日本では九年（一九二〇年）四月に国際連盟協会が発足し、渋沢栄一が会長に就いた。「日本は動《やや》もすれば武断主義の国なりとの批評を蒙《こうむ》り、遺憾の次第なれば（中略）本会の如《ごと》き団体の存在を必要とす」という渋沢の信念を聞き、家達が総裁就任を応諾したのは六月だったようである。

九月には首相官邸に招待された京浜《けいひん》の実業家たちに対し募金を要請したが、家達もその会合で挨拶している。協会では他に、各地域や学校等に支部を置き、講演会の開催、雑誌の発行などを通じて平和運動を推進した。大正十五年（一九二六年）以降は十一月十一日を平和記念日とし、記念行事を開催した。実質的な会活動は家達ではなく渋沢によって担われたようである（『渋沢栄一伝記資料』）。

外国からの貴賓《きひん》の接待もよく任された。たとえば、大正十一年（一九二二年）四月十五日、前年の皇太子（昭和天皇）訪英の答礼として来日したイギリスのプリンス・オブ・ウェールズ（後のエドワード八世）を千駄ヶ谷邸に招いた際には、庭に土俵をつくり、国技館から本場所そのままの四本柱を運ばせた。相撲協会からは横綱大《おお》錦《にしき》・栃木山《とちぎやま》以下一三名の力士を呼び寄せ、土俵入りや六番の取組を見せている。エドワード皇太子も上機嫌だった（『東京朝日新聞』大正十一年四月十六日）。相撲好きの家達にとっても会心の歓待ができたに違いない。

全米にラジオ放送された家達の演説

昭和二年（一九二七）、日米親善を目的にアメリカから日本に贈られた、いわゆる「青い目の人形」については、その後太平洋戦争下では一転して白眼視されたという不幸な末路とともに有名である。

そもそも、一万体以上の人形が送られてきた背景には、一九二〇年代にアメリカで高まった日本人移民排斥《はいせき》があった。アジアからの移民を一律に排除したいアメリカの政策や人種的偏見や黄禍論《こうかろん》などにもとづく国民感情が、日露戦争や第一次世界大戦の戦勝国となり一等国意識を持った日本人のプライドと衝突したのである。その裏返しとして日本国内では反米世論が過熱した。

悪化した両国の世論を鎮静化させるため実現に移されたのが、子どもたちの交流を通しての親善であり、たがいに自分の国の人形を贈り合うという方法だった。その推進者となったのがアメリカ側がギューリック、日本側は渋沢栄一だった。平和の使者となった「青い目の人形」は日本中の小学校・幼稚園に分けられ、社会的にも反響を呼び、対米世論は好転した。

家達もこの民間外交に一役買った。昭和二年一月、アメリカからの人形を歓迎するため、日本国際児童親善会が組織された。その会長には家達が委嘱される予定だったが、一月二十九日付書簡で家達は渋沢に対し、先月大正天皇が亡くなったばかりなので、帝国劇場で華々《はなばな》しく歓迎会を催す計画は「不穏当《ふおんとう》」であると反対の意を伝えている。そのためか、日本国際児童親善会会長には渋沢が就いた。また、三月三日に行なわれた人形歓迎会の会場は日本青年館に変更された（『青い目の人形と近代日本』）。

歓迎会当日、贈る側のアメリカ児童代表として挨拶したのは総領事の娘ベティー・バランタイン、日本側児童の代表としてお礼の挨拶を述べたのは学習院初等科一年生の徳川順子《ゆきこ》だった。順子は家達の孫（家正の三女）だった。来賓が居並ぶなか、家達も二階の最前列から孫娘を見つめていた。帰宅後、順子は家達からセルロイドのキューピー人形を褒美にもらったという（『花葵』）。

他に著名人の接待としては、大正十一年（一九二二年）十一月二十六日には、東京神田猿楽町《さるがくちょう》の宝生会《ほうしょうかい》において、来日中のアインシュタイン博士の能楽見物を接待したこともあった。昭和十二年（一九三七年）四月から八月にかけ来日したヘレン・ケラーに対しては、四月十八日、首相以下の貴顕紳士《きけんしんし》五〇〇名以上が参集した東京会館での歓迎晩餐会の委員長をつとめており、その様子はラジオで全国放送された。

また、昭和五年（一九三〇年）六月、ロンドンでの列国議会同盟会議、ブリュッセルでの国際赤十字総会への出席の途中、アメリカ・シカゴで開催されたロータリークラブ創立二十五周年記念国際大会に出席し、「民族の勃興《ぼっこう》」と題し、三〇分にわたり演説した。

「世界平和と理解にとって重要なのは、愛国心を育て、これを守っていくことです。愛国心には、最《もっと》も広い意味では、母国愛、母国の歴史、伝統、環境および慣習に関する誇りが含まれますが、その根本には、常に、人類の権利は、個人または集団の権利を超えるものであり、従《したが》って、ナショナリズム、国民の愛国心、国民の大望は、国際理解、国際親善（道徳性、正義、友好を意味する）、他の人種や他の国民を理解しようという意志、また、偉大な人類の一員として働くことに寄与するという概念が存在するのです」といった内容であり、それは全米に向けラジオ放送された。

十年（一九三五年）二月九日には、アメリカ人弁護士でロータリークラブの創始者であるポール・ハリスが来日した際、その歓迎晩餐会でも挨拶を述べている。そもそも、社会奉仕を目的とする職業人の集まり、ロータリークラブと家達との関係は、三井銀行や三井信託の幹部だった実業家米山梅吉《よねやまうめきち》が静岡県出身（旧幕臣ではないが）で、静岡育英会の会員だったことから、家達も米山が会長をつとめる東京ロータリークラブ（大正九年日本で最初に設立）の名誉会員になっていたことによる（『超我の人米山梅吉の跫音』）。

ワシントン会議全権委員と対米協調

時期的に前後するが、家達が「私設外交」でなく、公的な外交の表舞台に登場した最大の機会に、ワシントン会議がある。大正十年（一九二一年）十一月から翌年二月にかけ、アメリカの主唱により海軍軍縮や極東・太平洋問題を議論するために開かれたものである。五八歳の家達は、海軍大臣加藤友三郎《かとうともさぶろう》（首席全権）、駐米大使幣原喜重郎《しではらきじゅうろう》とともにその全権委員に任命されたのである。

同年十月八日午後二時から東京神田の如水会館《じょすいかいかん》で送別会が開かれ、同方会《どうほうかい》・葵会《あおいかい》・旧交会・静岡育英会という旧幕臣関係四団体が連合して家達の活躍を祈念した。約四三〇人が参集し、会場は立錐《りっすい》の余地がないほどであった。講談・手品などの余興の後、同方会会長江原素六《えばらそろく》が代表として送別の辞を述べ、それに対し家達が答辞を述べた。万歳三唱の後、茶話《さわ》会に移り、六時頃には散会したという。開催通知によれば、会費は五円、男子の服装は洋服もしくは羽織袴と指定されていた（『同方会誌』）。

十月十三日、出発前の家達に対し首相原敬は、「米国人に対しては単に会議席上議論のみにては同情を得かたきに付、交際上特に注意あるべく、且《か》つ可成《なるべく》夫等《それら》の事には議長之《これ》に当らるゝ事《こと》適当なり」（『原敬日記』）と告げ、会議の外の場でも上手な交際ぶりを発揮することに期待を示した。

原は、西園寺公望内閣時代に、家達が主催者となり始めた主要な貴族院議員と閣僚との晩餐会に出席を続けるなど、以前から家達には好意を抱いていた。好意というよりも利用価値を見出していたと言うべきか。ワシントン会議の前年には家達を駐独大使に起用しようとしたこともあった。

十月十五日、家達は出航したが、外務省に勤務する息子家正もイギリス大使館に赴任するついでに父に同行した。十一月二日にワシントンに着き、『ニューヨーク・タイムズ』の記者に「会議の大いなる成功を望む。われわれ代表は皆、自分の国のためだけでなく、世界平和のため全力を尽くしたいし、その決意である」と語った。

原敬暗殺の報がアメリカの家達らにも届くが、家達自身も日本を出発する直前、「国のためになる成果を上げなければ殺す、また合衆国にいる間過度に『異人』めいた態度をとるな」などといった脅迫状をもらっていた。帰国は翌年一月三十日だった。

幣原喜重郎は後年、ワシントン会議ではたした家達の役割について、以下のように評した。利害関係が相容《あいい》れない国どうしが集まる国際会議が上手くいかないのは当然であるが、「公爵は米国には幾多の知人もあり、英国人にも亦《また》知己多く、且つ社交に

旧幕臣諸団体主催によるワシントン会議全権委員家達の歓送会。前列左から家達夫人泰子、家達３女繁子、家正、家達、家正夫人正子、後列左から２人目江原素六（『写真通信』第 93 号所載）

かけては天稟《てんびん》ともいふべきで、巧《たく》まずして、上手なので、険悪なる空気を緩和する上に於《おい》て、絶大なる効果《こうか》を挙げ得たのである」（『斯文』）。

また河井弥八は、「公は華府《かふ》に在《あ》つて他の全権委員とは少しく其《その》任務を異《こと》にし、公の徳望門地経歴は公をして各国委員の間に伍《ご》して至高の尊敬を博《はく》せしめ、以《もつ》て大《おおい》に会議の進捗に貢献せられたり」（『斯文』）という見方をしており、家達がそれなりの役割をはたしたことを評価している点で、幣原と同様である。

旧幕臣出身の衆議院議員（当時無所属）島《しま》田《だ》三郎《さぶろう》は、ワシントン会議全権委員の人選について、「加藤幣原の両氏は予定のプログラムで別に不思議でもないが徳川議長を担ぎ出すに至つては寧《むし》ろ原首相の心理状態を疑はざるを得ない、若《も》し島田三郎一個の立場から言へば徳川議長は此《こ》の任命を辞退すべきではなかつたらうかと思ふ」と評した。そして、自国の立場のみに拘泥《こうでい》することなく世界の大勢を知ること、国民輿論《よろん》を正直に主張すること、正義人道のため東洋の平和を確保することの重要性を指摘し（『読売新聞』大正十年九月二十九日）、立憲政友会の原敬首相を批判した。

島田は同方会や葵会の会員でもあったが、家達の派遣については、反政友会の立場をとる一政治家として異を唱えたのである。旧主が政治的に利用されることについても不快だったのかもしれない。

ワシントン会議の結果、海軍軍縮条約や九カ国条約などが結ばれた。日本は軍事的進出路線から平和的経済主義路線への転換を選択したことになり、以後、対米協調を基調とする幣原外交が続くことになった。しかし、主力艦の総トン数で米・英・日の比率が一〇・一〇・六とされたことは、海軍部内での不満をくすぶらせ続ける原因となったほか、中国の主権・領土保全などが尊重され日本の特殊権益が抑え込まれたこ

大正11年3月、ワシントン会議から帰国した家達と加藤友三郎（右）（毎日新聞社提供）

とから、大陸進出を阻止された陸軍の反発も嵩《こう》じていく。

そして、昭和の軍国主義は、「屈辱外交」の結果としてのワシントン体制打破を叫びながら台頭するのである。

水平社と暗殺未遂事件

大正デモクラシーや労働運動・農民運動の高揚を背景に、被差別部落の解放運動も、大正十一年（一九二二年）の全国水平社の結成をもって大きな高まりを迎えた。

その指導者の一人、全九州水平社委員長松本治一郎《まつもとじいちろう》は、いわれなき差別の原因には徳川幕府の歴史的責任があると考え、将軍の子孫がただそれだけのことで尊敬を受け続けていることは糾弾されるべきであると主張した。

その主張の基《もと》になったのは、天皇陛下のもと平等であるべき人民が、徳川将軍の悪政によって皇室と遮断され、虐《しいた》げられるに至ったという歴史の見方であった。大正十四年（一九二五年）三月に開催された全国水平社第三回大会には徳川一門の辞爵勧告案が提出され、満場一致で可決された。

決議にもとづき、三月から四月にかけて松本らは直談判のため千駄ヶ谷の徳川邸を訪問したが、病気を理由に会見してもらえなかった。代わりに家令に決議文を渡し、回答を求めたものの、いくら待っても返答はなかった。七月九日には松本とその同志二人がピストル・短刀を用意し徳川家達暗殺を企《くわだ》てていたとして警察に逮捕された。

いっぽう、七月二十五日、家達は水平社の代表者たちにはじめて面会し、「自分が公爵に列せられたのは天皇陛下の思し召《おぼめ》しであり、勝手に辞爵することは大御心《おおみこころ》に背《そむ》くことになる」との理由で爵位返上をはっきり拒否した。もともと暗殺事件は警察によるフレームアップであり、松本は九月に市ヶ谷刑務所から保釈された。しかし、収監されていた他の二名のうち一名が獄死した。

九月二十日未明、家達邸が出火し、先祖伝来の貴重品が収められた蔵は類焼をまぬがれたものの、母屋の建物のほとんどが焼失し、一二六〇万円といわれる損害を被った。家達とその家族は逗子《ずし》の別荘に行っていて不在中の出来事だった。これは、松本の世話になっていた一青年が事件に憤慨し、夜中密《ひそ》かにもぐり込み放火したものだった。

放火犯が逮捕されたのは翌年であり、当初は漏電《ろうでん》が原因と見られていた火事が彼の仕業であったと認められたのは、その裁判が始まった昭和二年（一九二七年）になってからだった。犯人の青年は懲役一五年の判決を受け服役した。

いっぽう、松本らによる暗殺未遂事件の裁判も続けられ、松本はピストル・短刀は家達暗殺のために用意したのではないと主張し、大審院まで争ったが、大正十五年（一九二六年）三月、懲役四カ月の判決を受け福岡刑務所に下獄した。

国内では階級間の対立を是正し、諸勢力の協調・融和をはかるべく諸々の社会的活動を行なっていた家達にとって、この一連の事件はまるでとばっちりのように感じられたであろう。しかし、徳川家に対するまなざしはより厳しさを増しながら、左からのみならず右からも向けられるようになる。

血盟団の標的になった家達

大正から昭和へと時代が進むにつれ、日本の内外でキナ臭《くさ》い空気がただよい始める。政治的立場をあまり鮮明にしないとはいえ、貴族院議長という国家の重責を担う地位にある家達にとって、そのような環境の変化は、我が身に対しても直接的な影響を及ぼすものであった。

家令をつとめたこともある陸軍中将・男爵山内長人や陸軍中将山口勝《やまぐちかつ》らは、家達の「最近の政治的行動・意見」、「組閣風説等」、「関係事業整理」、「将来の位置」などをめぐって河井弥八《かわいやはち》（静岡県出身、貴族院書記官長として家達の下で働き、昭和六年からは家政相談人）らとたびたび意見を交《か》わすなど（昭和二年十一月二十七日、四年三月三十一日、同年十月二十日、五年十二月三日）、危険な世相のなかで何か大きな問題に巻き込まれないかどうかを心配しつづけた。

山内は、昭和六年（一九三一年）十月には、あまりにも長期にわたる議長職のさらなる延長について「深憂《しんゆう》」の念を示していたが、「公爵のため陰に尽く」し、「至誠純忠の士」とまで称された彼は、その翌月に死去した。山内は公爵徳川慶光《よしみつ》（慶喜の孫）家の相談役も兼ねていたようで、その葬儀には家達夫妻はもちろん、慶光とその母（慶久《よしひさ》未亡人）も参列している。

なお、その後も家達の議長重任《ちょうにん》については松平頼寿《よりなが》・徳川頼貞《よりさだ》・真野文二《まのぶんじ》ら、一門や家政相談人に意見が聴取されるなど、検討が続けられた（『昭和初期の天皇と宮中』）。結局、同年十二月、家達は五期目の議長就任を受けることとなったが。

しかし、山内の心配はすでに現実のものとなっていた。

血盟団は、井上日召《いのうえにっしょう》をリーダーとするテロ集団であり、「一人一殺」を合言葉に政財界の要人の暗殺を目指した。昭和七年（一九三二年）二月に前蔵相井上準之助《じゅんのすけ》、三月には三井合名理事長団琢磨《だんたくま》が射殺された。犯人逮捕から計画の全貌が明らかとなり、関係者一二名が一網打尽《いちもうだじん》にされた（血盟団事件）。西園寺公望・牧野伸顕・幣原喜重郎・若槻礼次郎《わかつきれいじろう》・犬養毅《いぬかいつよし》・伊東巳代治《いとうみよじ》・池田成《いけだしげ》彬《あき》らがターゲットとなっていたが、徳川家達も狙われたうちの一人であった。家達担当の暗殺者は須田太郎《すだたろう》という国学院大学の学生であり、昭和六年（一九三一年）発足の日本主義学生連盟という団体のメンバーでもあった。幸いにも計画が全面的に実行に移される前に事件が発覚したため、家達に魔の手が伸びることはなかった。

民間右翼や皇道派の青年将校たちが目指した国家改造運動は、旧体制を打破し、天皇親政にもとづく強力な軍事国家の確立を意図したものであった。敵とされた旧体制とは、天皇と臣民との間に壁をつくっているとみなされた「君側《くんそく》の奸《かん》」であり、具体的には元老・政党・財閥・華族など、親英米派の人々のことであった。

家達が彼らの運動、すなわち「昭和維新」の標的の一人になったことは、明治維新によって打倒されたかつての徳川幕府を想起すると、何とも皮肉なめぐりあわせと言える。昭和維新のイデオローグ、北一輝《きたいっき》が起草した「日本改造法案大綱」（一九一九年）には、華族制度や貴族院の廃止がうたわれていた。

六〇年の時を経て、華族のトップに位置し、貴族院の長をつとめる「徳川」は、ワシントン体制の成立に寄与した親英米派でもあり、再び打破すべきアンシャンレジームとなっていたのである。家達の憂《うれ》いは深く、右翼・軍部からの攻撃をかわすために貴族院改革を自ら実行すべく、昭和六年（一九三一年）五月から貴族院制度調査会を設置させている。

皇道派のボス、陸軍大将・男爵荒木貞夫《あらきさだお》は葵会会員であり、徳川慶光の傅育主任や葵会評議員をつとめた陸軍中将山口勝は、二・二六事件を起こした青年将校グループに属した陸軍大尉山口一太郎《いちたろう》を息子に持っていた。当然、荒木も山口も幕臣の子孫である。もっと身近には、家達の年の離れた従弟で（松平春嶽の五男）、尾張徳川家の当主である侯爵徳川義親《よしちか》が、三月事件のクーデター計画に資金援助をしていたという事実もあった。はたして、家達は彼らの存在をどう見ていたのだろう。

ついに議長退任

昭和六年（一九三一年）一月、近衛文麿が貴族院副議長に就任した。そのポストをめぐっては、研究会の伯爵松平頼寿と火曜会の近衛とが争う形となったが、松平では正副議長とも徳川一門が独占することになるとか、近衛が就いてもそれはいずれ議長になる時の足がかりにすぎないといったことが新聞で報道された。

また、副議長は、議長である家達が用便のため席を離れた時だけ議長席に座るので、「小便議長」という悪口もあり、また、年をとった家達は用便に立つ頻度が増えたので、副議長はいつでも代わりをできるように待機していなければならないという退屈かつ苦痛な職務なので、本当は二人とも気乗りしないのであるといったことも報じられている（『近衛文麿』）。

とにかく、近衛は家達の下で副議長をつとめることになった。七年（一九三二年）六月十四日、近衛文麿は、時局等について話し合うべく毎月一回ほど家達と会合を持ちたいという意向を木戸幸一に伝え、木戸もそれに同意した。さらに近衛は、政変が起こった場合には、家達が重臣として西園寺公望から諮問を受けることについても了承を求めた。それに対しても木戸は、「公も憲政に携《たずさ》はらるゝこと三十年に近き訳《わけ》なれば勿論《もちろん》なるべし」と答えた（『木戸幸一日記』）。月一回の会合はしばらく続いたようである。

近衛は華族のなかでも政治体制の現状打破を目指す「革新派」であり、後には新体制運動に乗り出し、大政翼賛会の結成へと向かうことになる。しかし、家達は近衛や木戸とは世代も違い、政治的・思想的にも同一歩調を取るような位置にはいなかった。

西園寺公望はもちろん「革新派」ではなかったが、「近衛の議長説だが、徳川が辞めなければどうにもならない。（中略）大勲位《だいくんい》になつてから、東京市長にでもしたらどうか。（中略）もしそんなことで徳川が辞めるならば、なるべく早く近衛を議長にしたい」（『西園寺公と政局』）などと語っており、近衛を存分に活躍させるためには家達の議長留任が邪魔であると感じていたようである。

翌八年（一九三三年）六月、在職三〇年を機に、家達はついに貴族院議長を辞し、四一歳の近衛がその後任に就いた。近衛の若さを危ぶむ声もあったというが、家達の議長就任は四〇歳の時だった。近衛の危うさは首相になった時に現実のものとなったが、時代状況が違いすぎるという意味で、家達と比べるのは酷《こく》であろうか。

なお、家達の議長辞任をめぐっては、世間一般には知られていない裏事情があったようだ。警視総監は徳川家の家令や息子家正に注意を促し、家政相談人の海軍大将井《い》出謙治《でけんじ》らも非常に心配し、一刻も早く家達に辞任させることに動いたという。

その裏事情とは、何者かにより恐喝を受けていたということらしい（『西園寺公と政局』）。先述した外遊に女性を同行したというスキャンダルのことであろう。

開かれなかった東京オリンピック

家達は、昭和十年（一九三五年）十二月十八日に結成された第十二回国際オリンピック東京大会招致委員会の会長に就任した。昭和十五年（一九四〇年）に東京で開催すると決定がなされたのは、十一年（一九三六年）七月のベルリンでのＩＯＣ（国際オリンピック委員会）総会においてだった。その総会では家達が外交官杉村陽太郎《すぎむらようたろう》に代わって、嘉納治五郎《かのうじごろう》・副島道正《そえじまみちまさ》と並ぶ三人目の日本人ＩＯＣ委員となった。

同十一年（一九三六年）十二月二十四日には、第十二回オリンピック東京大会組織委員会が結成され、家達がその会長となった。委員はＩＯＣ委員、東京市長、大日本体育協会正副会長、各省次官らで構成されていた。

十二年（一九三七年）七月には日中戦争が開始されていたが、八月十一日、高松宮《たかまつのみや》宣仁親王(昭和天皇の弟)のもとを訪れた伯爵副島道正は、「徳川公も『オリンピック』に極めて熱心なり」(『高松宮日記』)と語っており、その実現に向け家達が力を入れていたらしいことがうかがえる。

しかし、十三年（一九三八年）七月十五日、ついに東京オリンピックの返上が決定された。戦争の長期化とそれにともなう総動員体制の進行が開催を許さなかったのである。東京オリンピックは紀元二千六百年奉祝を日本独自の目的に掲《かか》げており、同時に万国博覧会の開催も計画していたが、ともに中止となった。

家達は紀元二千六百年奉祝会長でもあり、紀元二千六百年記念日本万国博覧会名誉顧問でもあった。実現しなかったとはいえ、オリンピックや万博開催への取り組みは、国際的な孤立を避け、各国との協調を目指すという意味で、家達の立場を象徴する役目であった。

なお、千駄ヶ谷の徳川邸は、オリンピック競技場の候補地のひとつに挙げられていた。オリンピックでの立《た》ち退《の》きは回避されたが、昭和十八年（一九四三年）六月、紀元二千六百年記念事業として建設が計画された武道館の用地として、東京都に譲渡されることとなった。ただし、それは家達没後のことである。

第六章　一族の長としての顔

旧領主としての顔

本章では、前章までとは少し時間が前後するが、明治以後の家達が自ら拠《よ》って立つ基盤とした徳川一門という同族、元家来である旧幕臣たち、そして旧領である静岡県、という三つの集団・地域との関係について、まとめて説明しておきたい。

維新後、そして廃藩後、それらの関係性は途切《とぎ》れたわけではなく、むしろ形を変えながら存続した。将軍時代のような超絶した地位は失われたものの、徳川宗家が、江戸時代までと同様、徳川・松平を名乗る同族団の中心に位置する存在であることに違いはなかった。

明治政府を牛耳った薩長藩閥が、かつての薩摩《さつま》藩（鹿児島県）と長州《ちょうしゅう》藩（山口県）という地縁集団そのものであったことは言うまでもない。土佐《とさ》藩（高知県）、肥前《ひぜん》藩（佐賀県）も同様である。

対する旧幕臣たちは、維新の敗者でもあり、それに匹敵するような「閥《ばつ》」を積極的に主張することはなかったが、徳川の旧臣であるという人的前提と、東京・静岡という二つの地域を地盤としたという点において、もう一つの藩閥勢力であったとみなすことができる。

東京は徳川家だけの所縁《しょえん》の地とは言えなくなったが、江戸と徳川家・旧幕臣との歴史的な結縁《けちえん》が消えたわけではなかった。さらに、薩長出身者と鹿児島・山口とのつながりに見るような濃厚さは生じなかったものの、新たに静岡という第二の故郷も加わった。そして、そのような人的・地理的なものを基礎にして、結集の核としての旧主徳川家も存在したのだ。

一族・一門のために力を尽くす

江戸の昔は次第に遠ざかり、時世はどんどん変わっていくとはいえ、華冑《かちゅう》（名門）の最上位に立つ者として、家達には若い頃からおのずと風格が備わっていたらしい。

明治の世になってもまだ旧将軍家の威光は保たれており、華族会館において貴公子たちが雑談や娯楽に興《きよう》じている時、そこに普通の同族や知り合いが入ってきたとしても軽い会釈をする程度であるが、ひとたび家達が姿を現わすと彼らは一斉にその姿勢を改めたという（『東海三州の人物』）。

イギリス留学から帰った後、家達は明治十六年（一八八三年）頃から、春秋、年に二回ずつの「親族会」（親族親睦会・親族懇親会とも）を開催している。どの範囲の親族であるのかは詳《つまび》らかでないが、徳川昭武が含まれていることは確かなので（『戸定論叢』）、徳川一門であることはまちがいないだろう。

はるか後年のことであるが、昭和十年（一九三五年）孫娘の婚礼に際し異存の有無を確認した範囲は、「御一族」一八家（慶喜家・御三家・御三卿とその分家・支藩の徳川姓一一軒、松平姓七軒）、「御親戚」二五家（近衛・島津・池田《いけだ》・蜂須賀・黒田《くろだ》・勝《かつ》など）となっていて（『春は昔』）、一族・親戚としての交際範囲がおのずと決まっていたことがわかる。

いずれにせよ、維新後は旧幕時代よりも古い慣例や様々な垣根がなくなり、一族間の交際は気軽に行なえるようになったであろう。

明治二十一年（一八八八年）二月、華族会館を会場に、井伊《いい》・本多・酒井《さかい》・榊原らが主催者となり、旧譜代大名たちが集まった懇親会が催され、家達をはじめ、徳川義礼《よしあきら》（尾張）、茂承《もちつぐ》（紀伊）、昭武（水戸）、篤守《あつもり》（清水）、達道《さとみち》（一橋）、達孝（田安）ら

明治35年、慶喜授爵記念の際の慶喜・家達一家。華族会館にて。前列左から英子、糸子、綏子、知子、泰子、綾子、家達、慶喜、鉄子、里子、家正、久。後列左から誠、精、達孝、昭武、達道、厚（個人蔵）

徳川一門が招待された。余興の手品も行なわれ、談話には花が咲いたという（『東京日日新聞』明治二十一年二月二十五日）。

当時、まだ世間では自由民権運動の余韻《よいん》が残り、政治的にはけっして穏やかな世相ではなかった。しかし、華族に列せられ、明治国家の中でそれなりに安住できる位置についた彼らにとって、古い旧幕時代を懐かしみ、旧交を温《あたた》める気持ちが湧《わ》き上がってきたとしても不思議ではない。この会は徳川旧譜第懇親会（※譜代と同じ意味）と称し、以後毎年開催されるようになった。

家達と慶喜とが必ずしもしっくりいって

いなかったことは前述したが、家どうしとしては、けっして不和だったわけではない。むしろ一門として共存共栄を目指すのは当然だった。

家達は、静岡での生活を続けていた慶喜の子女を東京の邸宅に引き取り、華族女学校に通わせた。また、分家して男爵家を立てた慶喜の四男厚の家を千駄ヶ谷の敷地内に構えさせてもいる。実弟達孝が継いだ田安徳川家には、始祖・宗武の命日と達孝の誕生日には必ず訪問し、会食するのが慣例になっていたという(『遠いうた』)。

晩年のことかもしれないが、一族が集まる機会には、徳川の一族・一門がたがいに仲良くしていかなければならないということを常々言っていたという証言も複数ある(『斯文』)。

心を砕《くだ》いた天皇家との関係

昭和五年(一九三〇年)、徳川慶久の娘(すなわち慶喜の孫)喜久子《きくこ》が高松宮宣仁親王に嫁いだ。徳川家は皇室と近しい姻戚《いんせき》となったのである。自分の家のことではないものの、家達も心から喜んだはずである。なぜなら、家達が最高度に気を遣わなければばならなかったのは、慶喜との間や一族どうしのことなどではなく、天皇家との関係だったからである。

慶喜が戊辰の際に「賊徒《ぞくと》」とされたという記憶は、家達のトラウマになっていたに違いない。徳川家は二度とその汚名を着てはいけないと固く誓ったのであり、それは「陛下聖恩《せいおん》の渥《あつ》きに頼る」（相続五十年記念園遊会にて）、「宗家を継くに至りましたことは畏《かしこ》くも　明治天皇の実に〳〵有難《ありがた》き思召によりました」（相続七十周年記念式典にて）云々といった、その時々の言葉の端々《はしばし》に表現された。

「十六代というけれど、徳川は十五代で一応《いちおう》お了《しま》いになつて、自分が新たに思召によつて新しい家を始めたのだ。その特別のおはかりを忘れてはならない」（「私の父と私」）というのが口癖だった。宮中における様々な会では、家達の姿を見ないことはなく、また天機奉伺《てんきほうし》の記帳簿には必ず家達の署名が墨痕《ぼっこん》あざやかに記されていたとの牧野伸顕の証言もある（『斯文』）。

家達が、明治神宮奉賛会会長（大正四年）、紀元二千六百年奉祝会会長（昭和十二年）、孝明天皇奉祀奉賛会名誉顧問（同十三年）といった皇室に関わる重要な行事の責

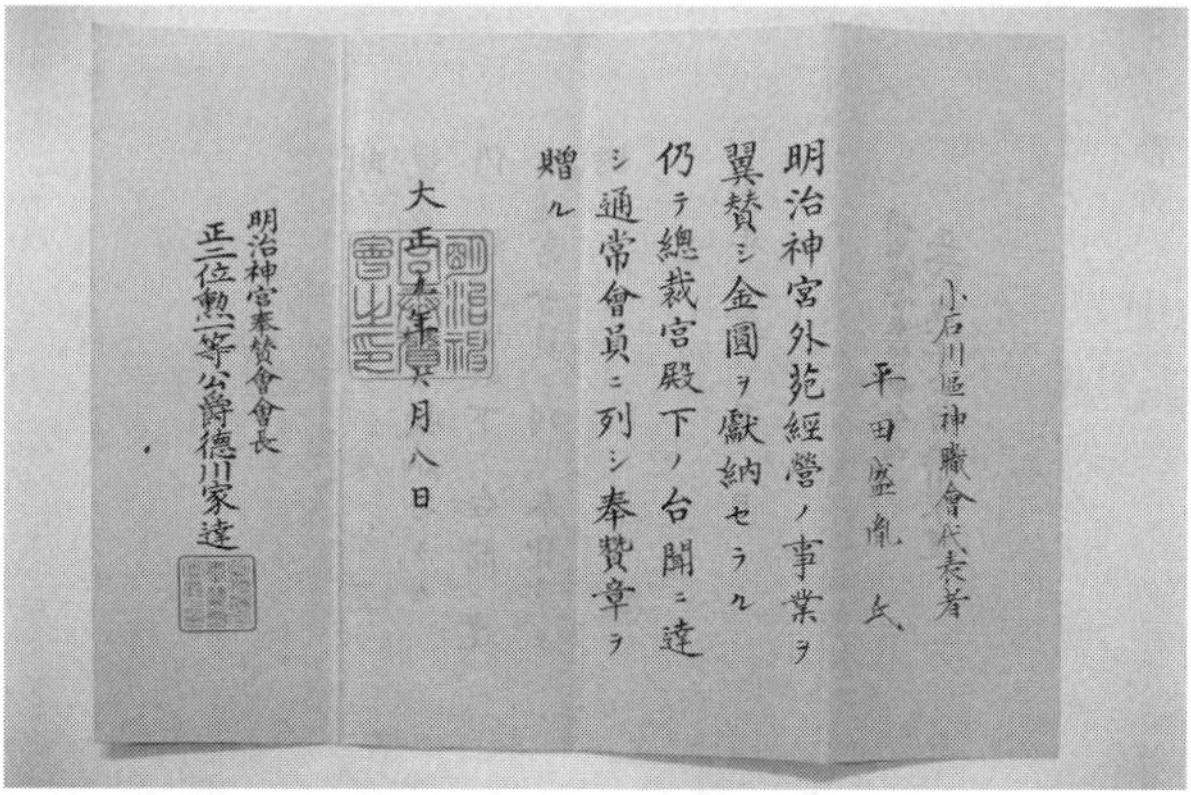
小石川區神職會代表者
平田盛胤 殿
明治神宮外苑經營ノ事業ヲ
翼賛シ金圓ヲ獻納セラル
仍テ總裁宮殿下ノ台聞ニ達
シ通常會員ニ列シ奉賛章ヲ
贈ル
大正六年六月八日
明治神宮奉賛會會長
正二位勲一等公爵徳川家達

会長家達名による明治神宮奉賛会奉賛章授与状
（国立歴史民俗博物館所蔵）

任者をつとめたのは、単に地位や家柄が高かったので依頼され引き受けたということではなく、天皇に対する崇敬の念を率先して世の中に示さなければならないという、自身が置かれた立場を強く自覚していたからであろう。一族の長たる者は、すなわち「皇室の藩屏」たることの模範を示す身でもあった。

静岡県への多額の寄付

明治二十一年（一八八八年）十月二十日から三十一日にかけて、家達は静岡県を訪問した。廃藩置県で上京してから一七年ぶりの「お国入り」であった。まだ鉄道（東海道線）が全線開通していないこともあり、鉄道・馬車・人力車をところどころで乗り継いでの旅だった。旧幕臣出身の静岡県知事関口隆吉《せきぐちたかよし》は県官を引き連れ、熱海《あたみ》で出迎えた。

二十二日には久能山《くのうざん》東照宮に参詣、二十三日は静岡市内の師範学校・小中学校・病院などを視察したほか、宝台院《ほうだいいん》・臨済寺《りんざいじ》・浅間神社といったゆかりの寺社に参拝した。二十四日には慶喜も同道で大井川辺まで行き、二十五日は旧臣たち一七七名と会った。浜松から名産品を持参して駆けつけた士族もいた。浅間神社の社殿に集合した士族たちは、三〇人一組で草深町《くさぶかちょう》の慶喜邸まで誘導され、家達・慶喜の前に進み、言葉をかけられ冷酒をいただいた。酒を注いだ朱の木杯には葵《あおい》紋が入り、各人に記念品として渡されたが、参集した人数が多すぎたため足りなくなり、後日追加配布された。旧臣たちとの会見は午前八時から午後六時までかかった。

二十六日は興津清見寺《せいけんじ》に参詣、海岸で地引き網漁を見物し、夜には慶喜を饗応《きょうおう》した。清見寺境内《けいだい》には前年、戊辰戦争時の旧幕臣死没者を顕彰すべく、榎本武揚らが揮毫した咸臨《かんりん》艦殉難諸氏紀念碑が建立されていたが、はたして家達はそれを見たであろうか、またどのような感想を抱いたであろうか。

その後も二十七日旧藩時代の剣術の師に面会、二十八日久能山に暇乞《いとまご》い、華陽院《けよういん》参拝、二十九日吐月峰《とげつぽう》・片桐且元《かたぎりかつもと》墓を慶喜と見物、三十日知事関口邸訪問といった多忙な時間を過ごした。そして、三十一日午前六時、帰途についた。関口と慶喜の家扶新村猛雄《しんむらたけお》は箱根まで見送った（静岡県立中央図書館蔵・「旧静岡藩知事徳川家達公来岡ス」）。

この静岡訪問に、家達は実に一万円以上の費用を使った。旅費自体はたいした額ではなく、その多くは寄付金や接待費、寺社への喜捨などであった。いわば旧領の人々に対し、多大な施《ほどこ》しを行なったのである。県庁の官吏に下賜された金については、職階によって差がつけられたことから不平不満が出たほか、県官は必ずしも全員が旧幕臣ではないという点で異論もあったという。

支出の中でも最大のものは、現金五〇〇〇円と田地四八町余《ちょうよ》（地価約一二〇〇円）を寄付し、旧藩士族子弟の教育のための原資とさせたことである（「徳川家達の静岡旅行の費用」）。その田地というのは、明治十一年（一八七八年）勝海舟が没落した安倍郡の素封家などから購入しておいたものだった（『勝海舟全集』）。

現金五〇〇〇円と土地の寄付は、家達・慶喜連名によるものだった。同年三月二十六日付の関口隆吉あて山岡鉄舟書簡に「過日《かじつ》御相談　仕候《つかまつりそうろう》　三位殿御国御越之節《おくにおこしのせつ》旧臣へ被下《くだされ》候之処《のところ》三位殿　再《ふたたび》　勝氏溝口氏へ相談　及候得共《におよびそうらえども》御見込御同意金五千円被下候之事と内決致《ないけついたし》候」（『関口隆吉旧蔵明治初期名士書簡集』）とあることから、かなり前から徳川家と静岡県との間で打ち合わせが行なわれていたようである。

自由民権家の旧幕臣が加わった政府高官暗殺計画が静岡事件として検挙されたのは十九年（一八八六年）のことだったが、家達による学資金支援には旧臣らの明治政府に対する不満を和《やわ》らげ爆発を防止するといった意味も含まれていたのかもしれない。

寄贈された学資金と地所は、その後、長く活用されていくこととなった。当初は地元紙に「夫《そ》ノ五千円ト四十八町歩《ちょうぶ》ヲ如何《いかん》ト為《な》ス」（『東海暁鐘新報』明治二十一年十一月二十日）といった論説が載《の》り、その使途について論議が巻き起こったが、県では「静岡県士族子弟学資配当処分規定」（二十七年四月一日施行）を定め、各郡市に分配して郡長・市長にその管理を委託することとした。

各郡市では士族中より三名から七名の取扱惣代《とりあつかいそうだい》を公選し、元資・利子の保管・運用について協議させた。取扱惣代の中からは互選で各郡市一名ずつの委員を決め、県下全体では計一四名の委員が選出された。静岡藩領ではなかった伊豆地域（旧伊豆国）にも適用されており、静岡県民は等しく恩恵を受けた。

さらに各郡市では独自の規定を作り、対応した。たとえば駿東《すんとう》郡では、「徳川家寄贈駿東郡在住静岡県士族子弟学資補助金取扱規程」全一三条によって、基本金は確実な有価証券もしくは銀行預金によって利殖をはかること、その利子の内から毎年の補助額や経費を支出すること、家計困難により高等小学科を修めることができない郡内在住者には授業料全額を補助すること、希望者は毎年三月に申し出ること、補助を受ける者は許可なく廃学できないこと、補助金は九月と三月に分け父兄・後見人に交付されること、などといった細目が定められた。また、取扱総代人（取扱惣代）が委嘱管理者（郡長）にあてた毎年度の予算決算は印刷・配布され、公表された。

各郡市における士族学資金の運用は昭和期まで続けられており、優等生や精勤者には賞状や賞品などを授与したりもした。左はその賞状の例である。

静岡県士族
永峯幸子
右ハ昭和十一年度学業勉励《べんれい》ニ付《つき》士族学資共有総代会ノ決議ニ依《よ》リ徳川家恩賜金《おんしきん》ヲ以《もっ》テ別紙目録ノ通リ之《これ》ヲ贈与ス
昭和十二年六月廿七日
静岡県清水市庵原《いはら》郡有度《うど》村士族学資共有会長従七位勲八等岡田忠雄［印］
（「明治維新で清水地域に移住してきた旧幕臣家族」）

旧幕臣への奨学金

他に旧幕臣の子弟や静岡県民の教育に対し徳川家が寄与したものとしては、静岡育英会という団体を通じての活動があった。同会は、奨学金を支給することで旧幕臣と静岡県民の子弟の上級学校への進学を促進することを目的とした。創立は明治十八年

（一八八五年）十一月、二十三年（一八九〇年）時点では会員数五一三名、うち東京在住が三〇〇名、静岡在住が六〇名だった。歴代の会長をつとめたのは、赤松則良《あかまつのりよし》・榎本武揚・平山成信・岡田良平・一木喜徳郎らだった。

大正六年（一九一七年）、規則が改正され、会長の上に新たに総裁を置くこととなり、公爵徳川家達が推戴《すいたい》された。同時に、奨学金貸与の対象者を旧幕臣の子弟のみならず静岡県人一般や旧幕府に縁故ある者の子弟にまで拡大し、学資補助の対象がそれまで官費学校（陸海軍学校）入学者のみだったのを、中学四年以上に在学中の陸海軍学校志望者、陸軍中央幼年学校在学者、帝国大学および官立専門学校在学者にまで範囲を広げ、それ以外の公私立大学や専門学校・実業学校の在学者にも特別に貸費を許可する場合もあることとした。

大正九年（一九二〇年）十月には、明徳寮という寄宿舎を東京千駄ヶ谷の徳川邸内に開設し、静岡県出身学生の便宜をはかった。同年四月には支部を静岡県に置き、知事を支部長とした。十一年（一九二二年）八月、財団法人となり、理事六名を静岡県人、六名を旧幕人とすることにした。

昭和十一年（一九三六年）時点での会員名簿を見ると、総裁の家達を筆頭に、名誉会員には公爵徳川慶久、伯爵徳川達孝、伯爵徳川達道、男爵徳川誠《まこと》の名前がある。「静岡」という意味では田安・一橋の徳川家は無縁なのであるが、旧幕府に連《つら》なる所縁全体を重視する意味で一門が推戴されていたのである。また、表3に掲げたが、理事・評議員などの中には、家令や家政相談人などとして徳川両公爵家に奉仕した人物が少なくない。

昭和十四年（一九三九年）十月現在の会況報告書によれば、貸費生の累計は六四二名にのぼり、現役貸費生は一五五名だった。

静岡育英会が世話をする学生は、毎年一回、学生大会を開催することになっていた。記録が残り、はっきりしているだけでも、「学生奨励会」（大正八年十二月十三日）、「静岡県及旧幕出身学生大会」（同九年十一月七日、同十一年六月十日）、「静岡県学生大会」（大正十五年十一月七日）といった具合に、千駄ヶ谷邸内の日香苑が会場として提供され、家達自身が総裁として出席した場合も少なくなかった。

家達が講演会の講師として招かれたこともあった。大正十二年（一九二三年）六月十七日、沼津町で開催された静岡育英会主催の第三回学術講演会では、田中萃一郎《たなかすいいちろう》・米山梅吉ら地元出身の学者・実業家とともに演壇に立ち、会場には六〇〇余名の聴衆が詰めかけた。翌日は、三島大社《みしまたいしや》・韮山《にらやま》反射炉・江川邸などを回り帰京したが、途中、沼津と韮山の両中学校でも生徒を前に短時間の講話を行なった。その日程は、以下のように分刻みで管理されていた（公益財団法人江川文庫蔵・「公爵徳川家達公令夫人令嬢御来邸一件」）。

大正十二年六月十七日
午后零時二十六分　沼津駅御着　御休憩
午后一時　講演会場（沼津町国技館）御着
午后五時　歓迎会（千本浜）御臨場
同夜　牛臥《うしぶせ》三島館へ御一泊
翌十八日
午前八時　三島館御発車

表3　静岡育英会の役員

役職	氏名
総裁	徳川家達(公爵)
名誉会員	徳川慶光(公爵)　徳川達孝(伯爵)　徳川達道(伯爵)　徳川誠(男爵)
顧問	斎藤樹(静岡県知事)　徳川達孝(伯爵)　山口勝
会長	一木喜徳郎(男爵)
副会長	山崎覚次郎　木原清
理事	河井弥八　久保春海(常務)　飯田英作(常務)　伊藤和三郎(常務)　五十嵐直三　榛葉良男(常務)　中島資朋　成瀬達　望月軍四郎　篠田次助(常務)　児玉九十(常務)　江川英文　大森佳一(男爵)
監事	緒明圭造　鈴木島吉　米山梅吉
評議員	赤松範一(男爵)　朝比奈策太郎　縣忍　井出謙治　石川道正　石井徹　石井忠晴　石渡敏一　池田宏　池田猪三次　宇野秀吉　植村澄三郎　江藤得三　太田正孝　大沼吉平　岡田分平　尾崎元次郎　川上嘉市　川島忠之助　片平信通　加藤友吉　加藤恭平　加藤規衛　河原春作　笠島新太郎　嘉山幹一　影山滋樹　木下七郎　清野孝蔵　黒田吉郎　黒田重兵衛　見城十作　気賀勘重　小林慶一郎　佐野善作　佐野會輔　佐々木勇之助　桜井鉄太郎　柴田忍　柴田善三郎　塩谷温　杉本良　鈴木与平　鈴木梅太郎　鈴木富士弥　竹山純平　竹内薫兵　竹内市太郎　土屋保　伴野欣平　中村圓一郎　成田勝郎　成田雄三　西原貢　長谷川鐵雄　間泰蔵　平山洋三郎(男爵)　平尾賛平　平野睦則　福井菊三郎　堀内龍男　松井善平　松井謙保　松田巻平　真野文二　水口吉蔵　三橋四郎次　三輪修三　宮本雄一郎　宮本甚七　宮田太郎　村上幸多　安井正吾　吉田増次郎　依田四郎　和田伝太郎
学務委員	久保春海　塩谷温　飯田英作　伊藤和三郎　五十嵐直三　河原春作　児玉九十　篠田次助　朝比奈策太郎
主事	塩島金一郎
嘱託医	千秋二郎

昭和11年11月時点(『財団法人静岡育英会会員名簿』より作成)

静浦《しずうら》海岸ニ網引御見物
午前九時　沼津中学校御着　御講演
午前十時　沼津中学校御発車
午前十時三十分　三島町御着
午前十一時　三島大社御発車　反射炉御見物
午前十一時三十分　韮山中学校御着　御講演ノ后《あと》江川家ニ於《おい》テ御昼餐《ごちゅうさん》
午后二時三十分　江川家御発車　三津《みと》江《え》ノ浦《うら》ヲ経テ沼津ニ向ハセラル
午后四時二十六分　沼津駅御発車　御帰京

育英会の会長・役員はもとより、県官吏・郡長・町村長・陸軍大将井口省吾《いぐちせいご》・陸軍中将山口勝など、地元の責任者や名士たちが総出で応接し、歓待した。静岡県民にとって家達はまさにＶＩＰであった。

大正12年、沼津での講演の際、静岡育英会の正副会長・理事らと。左から徳川繁子、家達、井口省吾、平山成信、笠井信一、米山梅吉、河井弥八。右から2人目山口勝

（沼津市明治史料館所蔵）

維新後も続いた旧幕臣との交情

時系列で説明したため、静岡県に残った旧臣たちの育英への援助について先に述べてしまったが、それ以外に中央（東京）においても旧臣たちとの関係は形成されていた。旧幕臣間の親睦を目的として結成された諸団体、旧交会（一八八四年結成）、同方会（一八九五年結成）、葵会（一九一一年結成）などとの交際がそれである。

それらの団体が日清戦争や日露戦争の凱旋歓迎会、家達のワシントン会議壮行会などに関与したことは先述した。他にも以下のような祝い事、催《もよお》しのたびに、主催者になったり、あるいは参加者になったり

と、深く関わり合いを持った。

明治三十五年（一九〇二年）十月十九日、同方会によって慶喜の公爵授爵祝賀会が開催され、当然ながら家達も来賓の一人として名を連ねた。同四十二年（一九〇九年）十月十五日、家達の息子家正と島津正子《なおこ》が結婚し、十二月十八日には披露宴が行なわれた。旧交会・同方会・葵会などの諸団体が合同で有志を募《つの》り、花瓶《かびん》・硯箱《すずりばこ》・置物などの祝いの品を製作し献上した。十一月六日、参邸した代表者から献上品の目録を受け取った際、家達は「斯《か》く丁重なる贈物を 忝《かたじけな》 ふせしは吾等《われら》父子の深く感謝する所なり」との挨拶を返した（『表慶紀事』）。

千駄ヶ谷の邸宅は、大正六年（一九一七年）末に新築された。その際、庭の一画に総檜《そうひのき》白木造りの銅葺《どうぶき》の社殿で東照宮が建てられ、等身大の徳川家康像が安置された。その木像は、もともと江戸城の紅葉山《もみじやま》にあったものだったが、維新後、遠州牧之原で開墾に従事した旧幕臣たちによって同地に建てられた東照宮に移されていた。それが、この時東京に戻ったのである。

以後、徳川邸内の東照宮では毎年九月十七日に祭典が催され、一族や旧臣たちに参

徳川家達夫妻と家正夫妻（個人蔵）

拝が許され、園遊会も開かれるようになった。遷座式《せんざ》は大正七年（一九一八年）四月二十六日に久能山東照宮宮司《ぐうじ》によって行なわれ、翌日開かれた園遊会では、家達は「六《ママ》歳にして出《い》でゝ宗家を襲《つ》いでより五十年大過《たいか》なくして今日に至れる」云々と挨拶し、あわせて牧之原から東照宮の神霊を移し、これからは毎日邸内で遺徳を仰《あお》ぐことができるのは嬉しいと述べた（『同方会誌』）。しかし、家達が死に、戦争が激しくなると祭典は開かれなくなり、家康像も戦災のため、あるいは戦後の混乱の中で失われたという。

なお、この木像については、坂本龍馬《さかもとりょうま》を斬った男として知られる今井信郎《いまいのぶお》が、牧之原士着士族たちの信仰の対象とすべく、大久保一翁や勝海舟らに冷たくあしらわれながらも郷社《ごうしゃ》建設に奔走したという過去のいきさつもあった（『勝海舟全集』）。

大正七年（一九一八年）六月八日、家達の「御相続五十年祝賀会」が水交社で開催された。旧幕臣三〇〇名余が集まり、代表として平山成信が祝辞を呈《てい》した。会費は三円五〇銭、余興では活動写真が上映された。

葵会の大会は、毎回、徳川両公爵を招いて開催された。『葵会規則并《ならびに》名簿』によれば、「本会ハ毎年一回懇親会ヲ開キ徳川老公、両公爵並《ならび》ニ御家族方ノ臨席ヲ仰ク」となっていた。ここで言う「老公」とは隠居した慶喜のことであり、家達と慶喜の跡を継いだ慶久とが「両公爵」である。

他に恒常的なことでは、毎年の年賀がある。旧幕臣諸団体では役員と会員中の有志が参加して、新年の挨拶には必ず両公爵家を訪問した。同方会の機関誌『同方会誌』には、来年の参賀について日時・場所（千駄ヶ谷邸ではなく議長官舎の年もあったので）などを知らせるため、会員向け案内文が必ず掲載された。

さらに、洋行の際の見送りや出迎えもあった。現在とは違い海外旅行が一大イベントであった当時、歓送会や歓迎会が必ずと言ってよいほど開かれた。その時にもこれら諸団体の会員たちが参集したのである。

たとえば、明治四十三年（一九一〇年）三月、家達のヨーロッパ旅行、家正のロンドン赴任に際しての歓送会、同年十月の家達出迎えと十一月の歓迎会、昭和五年（一九三〇年）六月のヨーロッパ出張の歓送、十二月出迎え、同八年（一九三三年）八月の欧米視察出発の見送り、同十一年（一九三六年）九月の満州出張の見送り、同十三年（一九二八年）五月のロンドン出張の見送りといった具合である。

あくまでも「旧主」「旧臣」の関係で自分に接し続けてくれる、このような旧幕臣諸団体との交流は、家達にとって、公務に疲れた心と体をほどよく癒《いや》す時間・空間を提供してくれたのではないだろうか。旧臣たちにとっても、いつも「旧誼《きゅうぎ》ある諸君」と呼びかけてくれる尊大ぶらない家達の姿は、逆に恐縮でもあり、とても好ましく映っていたようである（『同方会誌』）。

徳川家の一大イベント・東照宮三百年祭

徳川家にとっての特記すべきイベントとして、大正四年（一九一五年）の東照宮三百年祭があった。

日光東照宮三百年祭奉斎会《ほうさいかい》は、大正四年が徳川家康没後三〇〇年にあたることから、日光東照宮の防火設備の整備、杉並木の補修、宝物陳列館の建設などを記念事業として実施することを目的に、二年（一九一三年）四月二十三日に結成された。

総裁は侯爵小松輝久《こまつてるひさ》（北白川宮能久《きたしらかわのみやよしひさ》親王の子）、会長は林董《はやしただす》（後に渋沢栄一）、副会長は平山成信・沢鑑之丞《さわかんのじょう》らが就き、顧問には栃木県知事のほか、山内長人・江原素六・赤松則良・宮本小一《みやもとおかず》ら多くの旧幕臣が名を連ねた（『渋沢栄一伝記資料』）。大正四年六月三日には日光で三百年記念大祭が盛大に挙行され、家達以下徳川一門の人々も列席した。

旧幕臣の親睦団体もこの事業に協力し、同方会では会員から寄付金を募り、同年四月には約五〇〇円、十月には一〇〇円を会としてまとめて日光東照宮三百年祭奉斎会に納めた。五月十五日、千駄ヶ谷邸で旧幕臣たちを招待して開かれた会では、家達は挨拶の中で、「今年東照宮三百年ニ当《あた》リ」、その「紀念《きねん》ノタメ同門一族発起ノ教育資金募集」を行なったが、多くの協賛を得ることができたという謝辞を述べた（「荒川重平回想録抜粋」）。十月十六日には同方会会員とその家族約八〇名が参拝団を組み、日光東照宮に参詣した。

静岡県内では、四年（一九一五年）、東照宮三百年記念事業として旧幕臣たちにより、久能山東照宮への距離を表示する石造の里程塔《りていとう》が建設されている。現在もＪＲ静岡駅前と清水駅前に立つものがそれである。

大正三年（一九一四年）には、奉斎会とは別に、東照宮三百年祭記念会という組織もできた。これは、記念祭で集まった金を社会に有効に還元すべく設けられたもので、研究者に学術研究費補助を支出するといった事業を行なった。

家達はその総裁をつとめた。副会長は徳川義親・徳川慶久（後に徳川頼倫・圀順《くにゆき》らに交代）、評議員には徳川・松平一門や元譜代大名家の当主たちがズラリと並び、理事や監事といった役職にも加藤弘之・益田《ますだ》孝《たかし》ら旧幕臣をはじめとする名士たちが加わった（『渋沢栄一伝記資料』）。理事長は公爵家の家令でもある山内長人（後に成田勝郎）。

具体的には、大正十年（一九二一年）十一月、「有史以前満韓《まんかん》ノ研究」（東京帝国大学講師鳥居龍蔵《りゅうぞう》）、「アイヌ文様ノ研究」（東京商科大学教授移川子之蔵《うつしかわねのぞう》）、「魚体ニ及ボス甲状腺ノ影響ノ研究」（水産講習所教授寺尾新《てらおあらた》）、「胞子虫類ニ拠《よ》ル魚病ノ研究」（北海道帝国大学教授藤田経信《ふじたつねのぶ》）などの一〇件・七〇〇〇円分の研究テーマが帝国学士院から推薦され、その対象とされたことがわかる（沼津市明治史料館蔵・江原素六関係文書）。

こうして東照宮三百年祭は、単なる祭典にとどまることなく、学術振興にも寄与したのである。

静岡県との強い絆《きずな》

大正四年（一九一五年）に開催された東照宮三百年祭を契機に、静岡市在住の旧幕

ＪＲ静岡駅前にある東照宮三百年記念の里程塔。大正４年に建立。

臣とその子孫たちの間では新たな機運が盛り上がり、三月二十一日、静陵《せいりょう》葵会とい
う新たな親睦会を立ち上げるに至った。「久能山東照宮崇拝、千駄谷及《およ》ビ第六天両公
爵家ニ対スル謝恩ノ意ヲ表《ひょう》シ、併《あわ》セテ同族間ノ友誼《ゆうぎ》ヲ温《あたた》ムルコト」が目的としてう
たわれた。

初代会長は沼津兵学校出身で静岡市長をつとめた長島弘裕。昭和十四年（一九三九
年）三月時点で会員数は二二四名、静岡市内の町内を一九の班に分け、それぞれに班
長が置かれていた。会員には必ずしも旧幕臣ではない地域の名士・素封家も含まれた
（『静陵葵会々報』）。毎年正月五日には会員たちが上京し、両公爵家（徳川宗家・慶喜家）
で新年参賀を行なった。興津鯛《おきつだい》一籠《かご》ずつを献上することを会としての慣例にした。

大正十年（一九二一年）十一月十七日、静岡県会では、徳川家の記念事業として渋
沢栄一らの寄付を得て県立図書館を建設することが提案され、議決された。その結
果、蔵書二二〇〇〇冊を擁する静岡県立葵文庫が開館したのは、十四年（一九二五年）
四月一日のことだった。江戸から運ばれ静岡藩に移管された、貴重な和漢書・洋書を
含む幕府旧蔵書も同館には収められた。

静岡と言えばお茶であるが、家達と静岡県の茶業とのゆかりも浅くない。明治初年、静岡藩主時代に牧之原開拓士族たちを慰問し、彼らをはげましたことは第二章で述べた。あれから五〇年以上が経過し、旧幕臣による入植が端緒《たんしょ》となり、同地は一面の見事な茶畑に生まれ変わった。

大正十五年（一九二六年）五月、貴族院議員をつとめる同地の有力者中村圓一郎《なかむらえんいちろう》らの案内で牧之原を訪問する機会にめぐまれた家達は、国立茶業試験場や榛原《はいばら》郡茶業組合事務所を視察し、製茶工場や女性たちによる茶摘みの様子も見学した。途中立ち寄った榛原郡吉田村（現・吉田町）では、旧士族たちに面会して記念植樹を行ない、また相良町（現・牧之原市）でも旧藩士の老若男女に接見し、「みんな達者で結構だ」と声をかけたという（『静岡新報』大正十五年五月二十二日）。同年刊行された静岡県茶業組合連合会議所編『静岡県茶業史』の巻頭には、一生懸命働いて富《とみ》を増やそうの意を込めて「加其精増其富」を題辞として揮毫している。

昭和五年（一九三〇年）五月二十八日から六月三日までの七日間にわたり、昭和天皇による静岡県行幸が行なわれた。二十九日、家達は静岡駅のホームで天皇一行を出迎えた。また、静岡御用邸での御陪食では内務大臣を挟《はさ》んだ左隣に座り、「御快活に御話を遊ばされ」る天皇の相手をつとめた。雑談の中では、「静岡藩学校、沼津兵学校の事」なども話題に上ったと県知事が証言しているので（『昭和五年静岡県御巡幸記録』）、家達もその話の輪に加わったのかもしれない。

静岡市の静陵葵会に刺激され、沼津でも沼津葵会が誕生した。同会では、昭和十四年（一九三九年）六月四日、沼津兵学校創立七十周年記念会を開催し、明治初年の徳川家による教育事業を顕彰した。本来であれば家達が主賓《しゅひん》として招かれるべきであったが、病気療養中のため、それは叶《かな》わなかった。

父に代わって列席した家正は、「本日の盛儀」を必ず父に伝えると述べたほか、単発のイベントではなく永続的な事業を行なうべきであるという動議に賛意を示し、もしそれが実現した暁には父も必ずや足を運ぶであろうと発言した（『沼津兵学校創立七十周年記念会誌』）。明治二十七年（一八九四年）に建立《こんりゅう》されていた沼津兵学校記念碑の題額《だいがく》は家達の書であった。

第七章　徳川家の使用人と資産

徳川家の使用人

徳川家達は、議会の長をつとめる、いわば近代的な政治制度の担い手であり、個人としてもイギリス流のハイカラな紳士であった。しかし、そのいっぽうで、裏の顔、すなわち昔ながらの「殿様」という一面があったのも、また事実である。

彼の公的活動を支えた家庭とは、今日のわれわれが思い浮かべるマイホームとは違ったものだった。そこには、一見すると近代的・西洋的な生活スタイルであっても、封建時代の名残《なごり》とも言うべき要素が多く含まれていた。戦前の家族制度一般についても言えることであるが、家父長の権力は絶対であり、特に士族、さらにその頂点に立った旧将軍家・大名家の当主であればなおさらであった。

巨大な藩という組織が消えた後、旧大名すなわち華族は、規模を縮小しつつも「家」という組織を維持するため、依然としてそれを切り回す人やしくみを必要とした。明治初年の藩政時代と同様、大正・昭和期にも家令・家扶といった家職が置かれた。慶喜家のほうも同じであるが、むしろ初期の顔ぶれは、廃藩置県による断絶はなく、静岡藩時代から継続して勤仕した者が多い。その後、徳川宗家では、家令は一人、家扶は二〜三名という体制が固まっていったらしい。

どんなに年長で社会的に高い地位にあった者でも使用人であり、徳川家の子女たちは彼らを呼び捨てにしていた（『花葵』）。そこには、単なる雇う側と雇われる側という立場だけではない、旧主と旧臣という意識があったであろう。昭和期には徳川・松平の一門の家令・家扶たちが一堂に会する、令扶会《れいふかい》といった組織もあり、同族諸家間での交流・連携がとられていた（『徳川慶喜家最後の家令』）。

徳川慶喜家については、在職した家令・家扶らの年次別一覧が明らかとなっているが、既刊の文献として現在公表されている限り、宗家についてはそれに相当するものがない。

家令には溝口勝如《かつゆき》（伊勢守・陸軍奉行）、平岡芋作《うさく》（歩兵差図役／陸軍歩兵大佐）、山内長人（歩兵差図役並／陸軍中将・男爵）、成田勝郎（海軍少将）、木原清（陸軍中将）、家扶には河田熙（相模守・大目付）、貴志忠孝《きしただたか》（大隅守・騎兵頭）、川村一（大和守・目付）、滝村小太郎（奥右筆）、家従には湯浅貫一郎（奥右筆組頭）といった人々が在職したことがわかっている。

家扶をつとめた川村一（右・個人蔵）と家達より拝領した葵の紋付を着た滝村小太郎（『鳴鶴遺稿』所載）

徳川家の習慣として、幼い男子は女手から離して男性が養育する方針だったため、家達も息子家正のため、本邸から離れた信濃町に塾のような別邸を建て、家族とは別に生活させた。その教育主任として漢学・習字などを指導したのは、家達も幼い頃に教わった河田熙であった（『河田烈自叙伝』）。

滝村《たきむら》小太郎《こたろう》も家正の輔導《ほどう》にあたった。明治四十五年（一九一二年）、ロンドン赴任中の家正は、滝村が亡くなったことを知り、出発に際して涙を浮かべながら「若

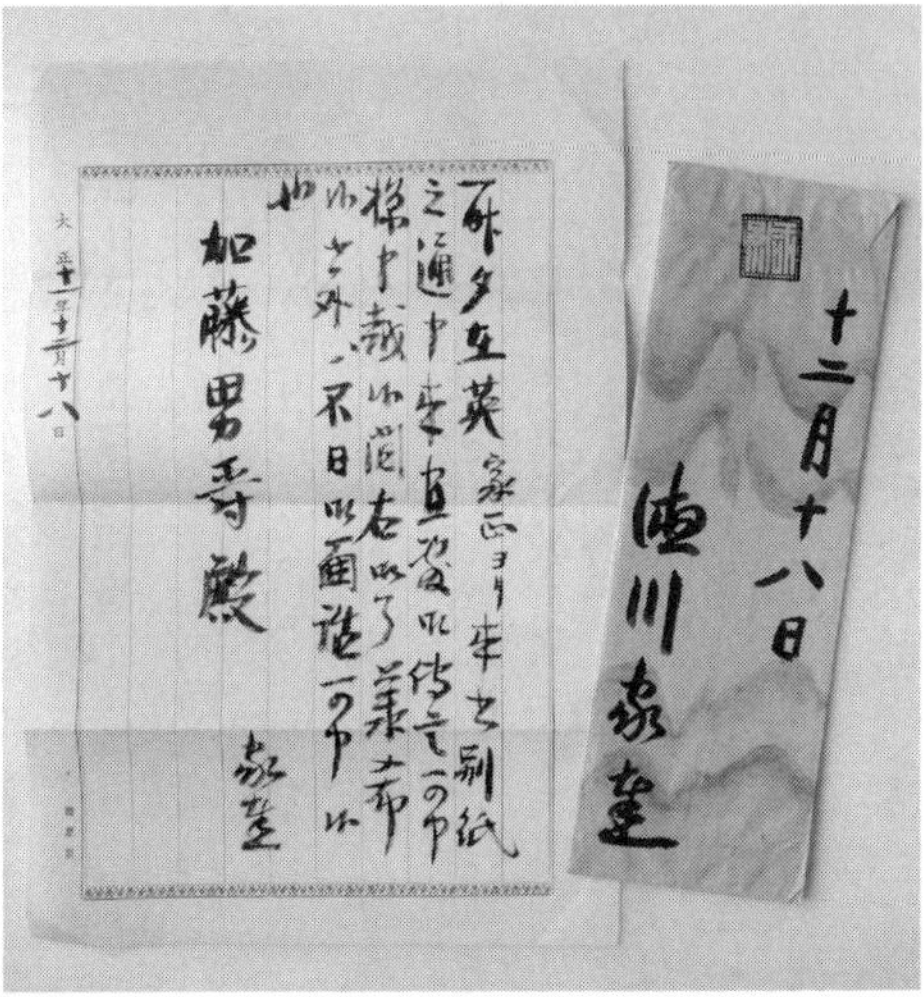

家達が孫家英の教育を依頼した加藤定吉あて書簡（沼津市明治史料館所蔵）

君がご帰国されるまで長生きしていたい」と言った滝村の顔を思い浮かべ、「痛恨ノ至リ」と日本へ書き送った（『鳴鶴遺稿』）。君臣の間柄とはいえ、父と子のような情愛でつながれていたようだ。

漢学者の塩谷温《しおのやおん》は、学習院初等科入学前から高等科卒業までの一五年間、家達の孫家英《いえひで》の家庭教師をつとめた。海軍大将・男爵加藤定吉《さだきち》も、大正十一年（一九二二年）十二月、書面で家達より家正の意向を伝えられ、家英の教育担当になることを依頼されている。山内長人や成田勝郎ら、家令をつとめた軍人たちの推薦であった。軍人による子弟教育は、天皇家のそれに似通っている。

彼ら家達を支えた人々は、藩政時代からの引き続きの人物の場合は当然ながら家達よりも年長だったが、やがて同年配の者も加わっていき、やがては年少者になっていった。

システム化された家内組織

家令や家扶はあくまでも家内の職員であったが、それとは別に資産家・有識者などに委嘱した家政相談人という、外部の立場からのサポーターがいた。罫紙《けいし》に謄写版《とうしゃばん》で印刷され綴《と》じられた「家務規定」という書類がある（江原素六関係文書）。どこにも徳川公爵家とは記されていないが、これは明治四十四年（一九一一年）に家政相談人に就任した旧幕臣出身の教育者・政治家江原素六が残したものであることから、徳川宗家のものであることはまちがいないであろう。

「家務規定」は全二三条からなり、末尾には大正二年（一九一三年）六月一日から実施するとある。家職には家令、家扶、家従、家丁《かてい》、嘱託《しょくたく》、雇員《こいん》があるというのが第一条。続く第二条が家政相談役（人）に関するもので、旧臣の中から五名以内を選び委嘱し、任期は五年となっている。旧臣（旧幕臣）に限定されている点は注目したい。第四条は家職以外に使用人（馭者《ぎよしや》・給仕《きゆうじ》・小使《こづかい》・馬丁《ばてい》など）が置かれること、第八条は家務を総務・庶務・記録・会計・地所の五部で分担することと定めている。「家政相談人会」について記されている第二十条を引用してみよう。

第二十条　家政相談人会ハ家主ヨリ重要ノ家務ヲ諮詢《しじゆん》シ又ハ家令ヨリ協賛ヲ求メ若《も》クハ相談人自ラ必要ト認メ議案ヲ提出シタル場合随時《ずいじ》開会ス

つまり、家政相談人会には必要に応じて家主から重要事項が諮問されることとなっており、家政相談人は内部の要《かなめ》である家令とともに大きな役割をはたしたことがわかる。それ以前の明治期についてはわからないが、この規定からは家内組織が整えられ、システム化されていた様子がうかがえる。

徳川家の資産

家政相談人に対し、どのような諮問がなされたのかについては、たまたま筆者の目についた資料として、以下の書類がある（江原素六関係文書）。「公爵徳川家用箋」と印刷された罫紙にタイプライターで打たれたもので、大正十年（一九二一年）九月一日付で「千駄ヶ谷公爵徳川家　家令事務取扱　成田勝郎」が江原素六にあてている。

北海道に所有している山林の隣接地約六〇〇町歩の買収が不調に終わったため、代案として本多博士（※旧幕臣本多晋《すすむ》の養嗣子で林学博士本多静六《せいろく》のことだろう）からの紹介で北見国《きたみのくに》湧別郡《ゆうべつぐん》下の一四五〇町歩を代価三万円余で購入したい、既存の所有地からは遠くなく、同一の管理人に任すこともできるし、交通の便もあり将来有望である、ついては直接説明したいので来邸してほしいといった内容である。

徳川家達家の資産の全貌を示すものとは言えないが、断片的なデータからは以下のようなことがわかる。

『全国株主要覧』（一九一七年、ダイヤモンド社）によれば、第一銀行一一二〇〇株、日本銀行一〇八株、日本皮革一〇〇株、浅野セメント八三五五株、帝国製麻一一〇株、十五銀行五八九四株、計二五七六七株を保有し、市価に換算すると二〇九万円とされている。

三菱の岩崎久弥《いわさきひさや》が一七九四万円、同じ旧大名家でも公爵島津忠重《ただしげ》（鹿児島）は六九九万円であり、また徳川一門に限っても伯爵松平頼寿（高松）が四三八万円、公爵徳川慶久が二〇四万円、侯爵徳川頼倫（紀伊）が一八三万円、侯爵徳川義親（尾張）が一六〇万円といった具合であり、徳川宗家は特に傑出した大株主というわけではなかった。

そもそも資産のもととなった金禄公債《きんろくこうさい》（家禄に代えて発行されたもの）は、明治九年（一八七六年）時点で家達は五六四四二九円という数字であり、戊辰《ぼしん》戦争の戦功などが賞典禄《しょうてんろく》として家禄に加算された島津・毛利《もうり》・山内《やまうち》といった旧諸侯にはまったく及ばず、尾張・紀伊の両徳川家にもひけをとっていた（『華族』）。

有価証券以外の資産には土地も多くあったであろう。東京の邸宅以外に葉山《はやま》（後に日光と静岡久能山近く）に別荘があったし、山林なども所有していたらしい。やはり家政相談人の任務は、資産の管理やその運用に関し、相談を受けることが大きな比重を占めていたものと思われる。もちろん、家達に組閣の大命が下った際、江原素六が反対したように（『江原素六先生伝』）、家計以外に関しても重要な場面では相談に預かったのだろう。

慶喜家のほうも同じであるが、家令や家政相談人をつとめた者には爵位を有する旧幕臣もいた。彼らは皇室の藩屏たる華族であると同時に、旧主徳川家の藩屏としての役割も期待されたと言える。昭和初期には、真野文二、佐々木勇之助《ささきゆうのすけ》、井出謙治、成田勝郎、土方久徴《ひじかたひさあきら》、河井弥八といった人々が千駄ヶ谷の家政相談人に委嘱されていたことがわかっているが、彼らは爵位を持っていない。河井は旧幕臣ですらなく静岡県平民であるが、旧領出身ということで旧臣に準じる者とみなされたのであろう。

茶話会に集《つど》った名士たち

旧臣たちとの関係は、先述したように、旧交会・同方会・葵会・静岡育英会といった諸団体を通じてのつきあいが大きかった。しかし、それ以外に、より厳選された少人数の人々とは、さらに親密な交流がなされた。

表4　徳川家達邸での茶話会とその招待者

開催日	主人側	招待者
明治40年 (1907年) 9月28日	家達夫妻 家正 令嬢2人 山内長人(家令)	石川千代松(理学博士・東京帝国大学教授) 小島好問(陸軍少将)　戸塚環海(海軍軍医総監) 山本安次郎(海軍機関中将) 山本直徳(海軍機関少将) 成田勝郎(海軍少将)　加藤定吉(海軍大将・男爵) 荒川重平(海軍兵学校・同大学校数学教官) 欠席：西紳六郎(海軍中将・男爵)
明治41年 (1908年) 7月5日	家達 家正	佐野延勝(陸軍中将・男爵)　荒井郁之助 田辺太一　宮本小一(貴族院議員) 滝川具和(海軍中将)　益田孝(実業家) 高梨哲四郎(弁護士)　荒川重平
明治42年 (1909年) 5月29日	家達	加藤弘之(貴族院議員)　加藤定吉　乙骨太郎乙 宮本小一　荒川重平
明治44年 (1911年) 11月21日	家達夫妻 令嬢3人 山内長人(家令) 尾貫徹(家扶)	宮原二郎(海軍機関中将) 荒川義太郎(横浜市長)　山口勝(陸軍中将) 箕作元八(文学博士・東京帝国大学教授) 津田弘道(貴族院議員)　矢吹省三　荒川重平
大正3年 (1914年) 11月28日	家達夫妻 家正 令嬢	山内長人(陸軍中将・男爵)　村田惇(陸軍中将) 矢吹秀一(陸軍中将・男爵)　草間時福 中島与曽八(海軍機関少将)　荒川重平　他２人
大正5年 (1916年) 9月30日	家達 家正	植村澄三郎(実業家)　中島与曽八 松村直臣(海軍少将) 神保小虎(理学博士・東京帝国大学教授) 岡野敬次郎(法学博士)　箕作元八　成田勝郎 荒川重平　他３人
大正7年 (1918年) 2月22日	家達 慶久	平山成信(貴族院議員) 赤松則良(海軍中将・男爵) 植村澄三郎　荒川重平　他３人
大正9年 (1920年) 2月28日	家達	古川阪次郎(工学博士)　荒川義太郎　加藤定吉 山口鋭(海軍少将)　神保小虎　中島資朋(海軍中将) 立作太郎(法学博士)　荒川重平　他２人

主人側は記載された名前のみ。会場は貴族院議長官舎も含む。役職は開催当時とは限らない(「荒川重平回想録抜粋」より作成)

家達は千駄ヶ谷の自宅や貴族院議長官舎で時々茶話会を開き、一〇名前後の人数を招待し、親しく懇談を行なった。招待されたのは、博士の学位を持つ学者、将官級の陸海軍軍人、高級官僚などであり、専門のテーマで講話を行なうこともあった。たとえば、理学博士石川千代松《いしかわちよまつ》が「動物退歩ノ話」、実業家益田孝が「欧米巡回商況視察談」、文学博士箕作元八《みつくりげんぱち》が「風俗変遷談」といった具合である。聞くのは家達だけでなく、時には夫人や息子・娘たちも加わった。晩餐が供されることが多かったので、茶話会というよりも食事会だった。

表4は、常連の招待者だった荒川重平《あらかわしげひら》（元海軍兵学校・同大学校数学教官）が記録した、あくまで限られた期間の断片的なものにすぎないが、参考にはなるだろう。荒川によれば、家達は明治四十年（一九〇七年）頃から勅任官《ちよくにんかん》以上の旧幕出身者を数名ずつ招待し、茶話会を開くようになったという。皆、旧幕臣出身の「お歴々」である。もちろん、荒井郁之助《あらいいくのすけ》・田辺太一《たなべたいち》・乙骨太郎乙・荒川重平など、あまり肩書とは無関係の、すでに引退して久しい故老と呼ぶべき人物も混在している。招待者の中には、山内長人・成田勝郎・加藤定吉など、家令や子弟の教育係として徳川家に奉仕するこ

とになった者もいた。

家達はこのような交際の中から、人物を見きわめ、自家に対する協力者を選び出していたのであろう。荒川の記録が絶えた後も、家達が自宅で幸田成友《こうだしげとも》（歴史学者）・沢鑑之丞（海軍造兵総監）らの講話を聞いたという事実も見受けられることから（『昭和初期の天皇と宮中』）、このような茶話会は昭和期に入ってからも続けられたと思われる。漢学者塩谷温（文学博士・東京帝国大学教授）は数回招かれ、二回講演をしたことがあったが、「家門の光栄」であると述べている。

家令・家扶らの家職、家政相談人、子弟の教育担当の家庭教師、そして茶話会の招待者、いずれも、旧幕時代の家柄・格式・禄高などはまったく無関係であり、むしろ近代社会の進展とともに自らの能力によってのし上がってきた人々であった。そのような人材を取り込み、また力を貸してもらうことで、家達自身も自らの家を維持していこうとしたのである。たぶん、このことは他の大名華族などにもあてはまることであろう。

第八章　日米開戦を前に死去

家名を相続して七〇年

家達の晩年を彩《いろど》る盛大な催しが、昭和十三年（一九三八）五月一日に開かれた家名相続七十年記念式典である。

四月一日付で印刷された招待状には、家名相続以来、こうして恙《つつが》なく三代の天皇に仕えることができているのは、天恩であり祖先その他の余沢《よたく》であるので、感謝の意を込め家祭を催し、あわせて「維新当時及其以後に於ける当家重職《じゅうしょく》功労者の諸霊を弔祭《ちょうさい》」したいとあった。自分のことを祝うというよりも、長年にわたって自分に奉仕してくれた、すでに故人となった旧臣・使用人たちに感謝の気持ちを伝えるのが目的だったと言える。

当日、会場の千駄ヶ谷邸では、まず神田明神社掌《しゃしょう》により神式の祭典を執り行ない、次いで寛永寺《かんえいじ》と増上寺《ぞうじょうじ》の貫主《かんじゅ》らによって仏式の法要が営まれた。三河八代、将軍十五代、そして功臣たちの諸霊が祀《まつ》られたのだった。祭典委員長は、明治初年に父の移住先である沼津在で生まれた海軍大将井出謙治。招待された功臣とその子孫たちがフロックコートやモーニング、紋付羽織袴姿で多数参集した。

功臣の遺族代表として挨拶に立った子爵大久保立《たつ》（一翁の子）が、「御当家と私の家とは四百年来の主従である」と述べ、自家が江戸開府以前からの古い家臣であることを言い添えたのが印象的だったという（『河田烈自叙伝』）。海舟・一翁・鉄舟らの墓前においても奉告祭が営《いとな》まれた。現在も洗足池《せんぞくいけ》畔（東京都大田区）の勝海舟の墓前には、「昭和十三年四月二十九日徳川家達公家名相続七十周年墓参記念」の文字が彫られた花立てがある。

相続七十年に関連しては、昭和十四年（一九三九年）八月、徳川公継宗七十年祝賀記念会編『近世日本の儒学』が岩波書店から刊行されている。これは、家達が漢学・漢文教育の振興などを目的とした斯文会《しぶんかい》会長をつとめていたことによる。関東大震災で壊れた湯島聖堂の復興にも尽力している。

人柄とエピソード

ここでは、家達の人柄やプライベートな一面についてまとめて紹介しておきたい。

比較的若い頃については、勝海舟による人物評がある。

「書物を多く読んで、学問はある。かつ、いたって無邪気だよ」（『勝海舟全集』）。「三位様（徳川家達）は、元来人にかわいがられるたちで、学問も相応にあり、しごく正直で、勉強家だからお上《かみ》にも始終《しじゅう》お目をかけてくださるよ。このごろはあんなに日増しに肥満せられるから、おれは十分にご運動なさいとお勧《すす》め申したが、そのとおり昨今は絶えず運動しておられるそうだ」（『氷川清話』）

幼い頃から知っている海舟にとって、その成長は嬉しかったのだろう。ダイエットは効果がなかったようで、年をとってからも太りすぎが健康上の心配の種《たね》になった。孫娘の証言によれば、身長は一六〇センチ余、体重は七五キロほどだったという。

趣味について自らが語ったものは、以下のとおりである。相撲と旅行が好きだった。「別に是《これ》と云《い》ふ嗜好《しこう》はないのです、マア淡白に何が嗜好だと云へば相撲位《くらい》のものである、其《その》相撲も外の人の様に誰を贔屓《ひいき》にすると云ふことをしないから是迄《これまで》家の抱《かか》へとか出入にした相撲は一人もない、又或《あ》る格段に力の強い相撲とか巧者に取る相撲があつてそれを愛するとか贔屓にして其相撲が負けたからと云つて腹を立てると云ふ様《よう》なこともしない、随分《ずいぶん》相撲好きの人に依《よ》ると自分が贔屓にする相撲が負けると腹を立つて跡《あと》の相撲を見ずに帰へる人もあるが自分はそんなことはない、唯《ただ》無茶に相撲を見るのが好きです」「旅行は一番身体の為《た》めに好《よ》い様である、自分は多年季節に拘《こだわ》らず遊志が起ると各地に遊んで好風美景《こうふうびけい》を賞する」（『名士の嗜好』）

家達の相撲好きは有名で、さらに以下のようにも紹介されている。

「春夏二期の本場所に正面桟敷《さじき》五六段の処《ところ》に黒紋付を着たる公の姿を見ぬ事は無い程《ほど》な角力《すもう》好きで、時々何か頬張《ほおば》り乍《なが》ら見て居《お》られる、小便も熊《くま》や八《はち》と一所に立小便をする、前の征夷大将軍も何も有《あ》つたものでは無く至《いた》つて平民的で有るが、家に居られて何か物を一度云《い》ひ付《つけ》て、只今《ただいま》のは何々で御座《ござ》いましたと聞き返しでもすると、先程申付《もうしつけ》た通りと乍《ばか》り二度は云はぬ」（『名流漫画』、読点筆者）

徳川家達が揮毫し、昭和11年に大日本相撲協会が建立した力塚。東京都墨田区の回向院にある。

「父は、一《いっ》さい贔屓力士をつくらぬ主義で、永《なが》い間相撲を真に楽しもうとすれば、それに限るので、私は、今でも同感であるが、父とても人間の感情で、あれはい丶力士だとか、あれはどうも、というようなことはあつたにちがいないから、私が洋食に連れられて行つたのは、その日どれか、会心の勝負があつたというようなことであつたかも知れない」（「子供の頃の思い出」）

　相撲だけでなく、読書も趣味に挙げられている。高貴な身分にもかかわらず、きわめて庶民的な一面を持っていたというのは先の記事と同じである。

「◎公亦《ま》た至《いたっ》て平民的にして生活向きも甚《はなは》だ質素也《なり》、酒も飲まず、煙草も喫《の》まず、茶は麦湯か番茶位《くらい》也《なり》。◎公の嗜好は読書と角觝《すもう》とのみ、時々電車で丸善《まるぜん》や中西屋《なかにしや》を訪問せらる、角觝は十日間の興行中、已《や》むを得ざる事故なき限り必ず出掛けらる。されど誰も贔屓と云つて騒がれる事なしと」（『東海三州の人物』）。右の引用には「煙草も喫まず」とあるが、煙草は服に臭《にお》いがつくので、近くで他人が吸うのも大嫌いだったようである（『斯文』）。

　家達は、外国に行った際にも演奏会などではできるだけ席を後のほうにしたほど音楽が好きではなかった。自宅で三味線やピアノなどの練習をしていた娘や孫たちは、家達が帰宅する前に止めたという。
しかし、謡曲《ようきょく》は趣味にしており、十徳会《じゅうとくかい》という会を催し、同好の一族たちと楽しんだ。久能山東照宮の例祭で静岡を訪れた際には、料亭浮月楼《ふげつろう》（元の慶喜邸）に静陵葵会の会員たちを集め、しばしば謡曲を聞かせたが、庭園いっぱいに広がるその音吐《おんと》朗々《ろうろう》たるさまは見事なものだったという（『静岡民友新聞』昭和十五年六月六日夕刊）。能楽会の会長、宝生会の名誉会長をつとめるなど、長年にわたって謡曲の世界に対してはおおいに力を貸していた。
また、家庭内では以下のように見られていた。「孫たちの受ける全体像は、やはり厳格で、一家の長としての風格に満ちたものであった。一家の全《すべ》ては祖父を中心に回転し、誰もそのことに疑いを持たなかった。ただそうかと言って、決《けっ》して近付き難い人柄ではなく、時には思いもかけぬユーモラスな面も見せ、一家中が笑いに誘い込まれることも度々であった」（『花葵』）
ユーモアに関しては以下のようなエピソードもある。貴族院では法案審議の際、第《だい》一読会《いちどっかい》の後に特別委員会に付託されたが、その委員指名は議長の権限で行なわれた。

『貴族院職員懐旧談集』（一九八七年、霞会館）によれば、家達は、冗談で「今度は一《ひと》つ禿《は》げばっかり集めようとか、今度は白髪ばっかり集めよう」などと発言し、剽軽《ひょうきん》ぶりを発揮した。

昭和七年（一九三二年）十一月二十六日、家達の古稀《こき》と金婚式の祝いを兼ね、葵会・静岡育英会等が上野精養軒で祝賀会を催した。席上、謝辞の中で家達は、摂生して長生きするので次回の金剛式（ダイヤモンド婚式）ではもっとご馳走してもらいたいと述べた。茶目っ気たっぷりの挨拶に列席者からは歓喜の大拍手が起こったという（「荒川重平回想録抜粋」）。

死去

昭和十一年（一九三六年）九月、東北帝国大学で学んでいた孫の家英が二四歳の若さで病死した。家正には家英以外には三人の娘がいるだけだったので、徳川家は跡取りとなるべき男子を失うことになった。

家達と家正は後継者問題について話し合い、福井松平家の慶民《よしたみ》の次男忠永《ただなが》を養子に迎えることが決まった（『春は昔』）。ただし、忠永は離縁となり、家正の後継者とはならなかったが、それは家達没後のことに属する。

日中戦争が始まった後、家達を外務大臣になどという声が海軍の一部から上がったことがあったが、そのことを日銀総裁結城豊太郎《ゆうきとよたろう》から聞いた原田熊雄《はらだくまお》は、「それは非常な間違《まちがい》で、とてもそんな人物ぢやあない」と、家達が外相には不適任であることを断言した（『西園寺公と政局』）。家達が非常時の外交を任《まか》せられるような人材ではないことを原田はよく知っていたのだろう。家達本人にも今さら引っ張り出されるようなつもりは毛頭なかったであろうが。

十三年（一九三八年）五月、家達は横浜を出航し、アメリカ・カナダ経由で翌月に開かれるイギリスでの赤十字国際会議に参加すべく旅立った。政治の第一線ではなくこのような分野にこそ彼の活躍の場が残されていたと言える。ところが、ロッキー山脈を越える車中で心臓発作を起こし、ロンドン行きは中止し、帰国することとなった。横浜に帰港したのは七月だった。

その後は自宅で療養生活を送った。孫娘の順子は、病床の祖父を喜ばすため、家達が好きだった謡曲の練習を始めた。家達はそれをじっと聞いていたという。

家達の死去は昭和十五年（一九四〇年）六月五日、七六歳だった。特旨《とくし》をもって大勲位に叙せられ、菊花《きっか》大綬章が授けられるとともに、従一位に追陞《ついしょう》された。

昭和七年（一九三二年）、十年（一九三五年）頃には、貴族院議長辞任の代替えや満州事変の論功行賞として家達を大勲位にすることが取り沙汰されたこともあったが（『西園寺公と政局』）、生前には実現しなかった。

大勲位は、宮中席次《きゅうちゅうせきじ》（天皇と臣下の間の序列）ではトップとされ、単に家柄の尊卑だけで定められた爵位とは違い、実際の功績にもとづいて決められたランクであった。死後、はじめて国家への功労が最高度のものとして評価され、家達は二系統の「権威のヒエラルキー」の頂点に立ったわけである。

葬儀は十一日に執り行なわれ、寛永寺に埋葬された。戒名は「顕徳院殿祥雲静岳大居士」。先述のとおり、静岳の二文字は生前から使用していた雅号である。葬儀委員長は海軍大将井出謙治、会葬者は総理大臣米内光政《よないみつまさ》以下、貴顕紳士から一般人に至るまで、三五〇〇人を超えた。付近一帯では自動車の渋滞が引き起こされた。

雑誌の追悼号に掲載された徳川家達の遺影
（『斯文』第22編第8号所載）

七〇年前に幕府瓦解《がかい》という破局を体験した家達であったが、日米開戦すなわち太平洋戦争が始まる前に死去し、やがて訪れた昭和二十年（一九四五年）八月十五日、日本の敗戦という破局を目にすることはなかった。

二十二年（一九四七年）、最後の議長として、父家達が長年共に歩んだ貴族院の終《しゅう》焉《えん》を見届けたのは息子家正であった。

おわりに

家達死去からしばらく後、以下のような記事が新聞に載った。

多彩・家達公の伝記　五年がかりで編纂《へんさん》

五日薨去《こうきょ》した徳川家達公は幕末維新の動乱から明治、大正、昭和の三代に亘《わた》り七十八年の生涯を多彩なエピソードで綴《つづ》つてゐるが、公爵家では今春来波瀾《はらん》に富んだ公の伝記を編纂する事になり、すでにその編纂員も決定、史料の蒐集《しゅうしゅう》に着手した際の急逝《きゅうせい》であつた、編纂の任に当《あた》る人は旧幕臣の木原清《きはらきよし》陸軍中将、東大教授中村《なかむら》孝也《こうや》博士、貴族院議員河田烈《いさお》の三氏を顧問とし十五代慶喜公の編纂に従つた前東大史料編纂官、国学院井野辺茂雄《いのべしげお》教授を首班として徳川宗家を始め親戚から続々関係史料をあつめつゝあるが、伝記は今年から五ケ年計画で昭和二十一年までに完成するといふ大掛《おおがか》りなものである

伝記の内容は文久三年徳川三家のうち田安慶頼の第三子として生誕した事から満

六《ママ》歳で家名相続―駿河府中藩への転封―十五《ママ》歳で渡英といふ前半生には僅《わず》か三《ママ》歳の年大奥女中の背に負はれて上野の彰義隊の合戦を見物したといふ挿話など織込《おりこ》まれる。後半生は近衛篤麿公の後をうけて貴族院議長就任から晩年の政治、社交、趣味生活に及ぶが、唯一の生きた史料である公の若き日の日記は大正十年前後の火災で烏有《うゆう》に帰《き》したので、伝記には未亡人泰子刀自《とじ》（近衛公の叔母）も一役かつて伝記に口述で補足されるといふ（『東京朝日新聞』昭和十五年六月七日）

生前から家達の伝記編纂が計画されていたが、没後にいよいよ開始されることとなったという。実際、徳川公爵家では、新聞記事にも記されている東京帝国大学教授中村孝也を協力者に迎え、井野辺茂雄を編纂主任に依頼した。同年十月には公爵徳川家正家扶の名で協力依頼が静岡県下の関係者に送られ、家達や静岡藩政に関する書画・写真・絵図・遺物・遺蹟・故老の談話といった調査対象が提示された。

十一月には静岡県へ史料探訪に赴き、静陵葵会・沼津葵会・西遠《せいえん》千代田会など静岡移住旧幕臣子孫の会との座談会も実施した。井野辺や北島正元《きたじままさもと》ら家達伝に携わる歴史家と沼津市の郷土史家大野虎雄《おおのとらお》との間では、資料・情報の交換が頻繁《ひんぱん》に行なわれた。編纂事業は、静岡県という「旧領」「郷土」との結び付きも最大限に利用し、進められるはずだった。

また、伝記編纂とは別に家達の顕彰碑を上野東照宮境内に建立する計画も持ち上がり、昭和十九年（一九四四年）四月に賛助金募集の依頼文が印刷・配布された。発起人は貴族院・衆議院・日本赤十字社・恩賜財団済生会・財団法人協調会・社団法人東京慈恵会・義勇財団海防義会・財団法人日本倶楽部・財団法人斯文会・財団法人日本外政協会・財団法人大日本相撲協会・社団法人能楽会・財団法人静岡育英会・葵会・旧交会・同方会・温故会などの一七団体であった（沼津市明治史料館保管・「徳川家達公記念事業発起人依頼先芳名」）。

しかし、太平洋戦争の激化により、昭和二十年（一九四五年）五月、伝記の編纂計画は中止されることとなった。井野辺から沼津の大野あてには、「苛烈の時局に鑑《かんが》み、一時休止、夷賊誅伐《いぞくちゅうばつ》の上重ねて再興可仕《つかまつるべく》、それまてハ小生一人、ポツ〳〵継承可仕候」との通知が届いている（沼津市明治史料館保管・大野家文書）。その通知には「徳川家達公伝記編纂所」と印刷された便箋《びんせん》が使われているが、敵国米英のことを「夷賊」と記しているのは時局を生々しく反映している。

やがて至った昭和二十年八月十五日という破局は、編纂事業の続行を許さなかった。戦後、事業が再開されたのか否かわからないが、結果として伝記刊行は実現していない。戦争に影響されることなく、この編纂が続いていたとしたら、大部の『徳川慶喜公伝』には匹敵しなかったかもしれないが、それなりの質量を持つ伝記が完成していたかもしれない。また、同様の理由から顕彰碑のほうも建設されなかったようだ。

本書は、戦時中に計画された家達伝のような本格的なものではなく、あくまで略伝にすぎない。何よりも本来であれば調査すべき一次史料を活用することができなかった。特に家達自身の思想や政見等を示す史料、つまり日記や書簡などについては多くを調査・活用することができなかったため、彼の内面までを深く探り得なかった。

一五、六歳の頃から欠かさず記していた日記は、大正十四年（一九二五年）の火災で焼失したというが（『斯文』）、現存する分もあるようだ。いつか全面的に一次史料が活用され、本格的な伝記が刊行されることを期待したい。それまでの間、小著がわずかでも何らかの意義を持つことができれば幸いである。

最後に瑣末《さまつ》な事柄であるが、個人的な体験を述べてみたい。

現在の職場に移ってまもなく、その勤務先から刊行された、『近現代の戦争に関する記念碑』（二〇〇三年、国立歴史民俗博物館）という報告書がある。忠魂碑をはじめ、戦没者の慰霊のために建てられたあらゆる種類の石碑について全国的な調査を、一覧表の形でまとめたものである。

碑の題字を誰が揮毫したのかに注目してみると、元帥《げんすい》・大将といった陸海軍の軍人によるものが圧倒的に多いのであるが、なかにはその土地にふさわしい名士に依頼した場合も見受けられ、地域性が見てとれる。筆者の郷里である静岡県の場合、県内出身の軍人は別にして、元静岡藩主である徳川家達が揮毫した例は、まさに地域性・土地柄を示していた。

同報告書では、家達が揮毫した例は、静岡県内の一例のみであった。ただし、この報告書には調査洩《も》れの県もあり、また収録されたデータにも精粗《せいそ》があるのでとても完璧なものとは言えない。しかし、彼の筆になる忠魂碑が希少なものであることはまちがいないように思う。

ところが、その唯一の事例、静岡県駿東郡静浦《しずうら》村（現・沼津市）に建てられていた忠魂碑は、この報告書が刊行される以前、すでに一九九七年頃には姿を消していた。小学校に隣接する小さな神社の境内に立っていたのであるが、学校体育館の建築工事の影響で神社が移転されることとなり、その際、忠魂碑は業者によって砕かれ海中に投棄されてしまったというのである。

軍国主義のシンボルであり、政教分離をめぐる裁判の対象となった忠魂碑に対し、特定の思想信条にもとづく何らかの意図があったということではまったくなく、地元責任者の無関心、無頓着《むとんちゃく》であり、単なるミスであった。当時、博物館学芸員として市内の歴史資料や文化財を扱う仕事に従事していた筆者は、その事実を知り、唖然《あぜん》とした。悔《く》やんでも悔やみきれないことだった。

以前に撮影していた写真だけが手元に残った。大きな板状の碑面には「忠魂碑」と大書され、左下には「貴族院議長正二位勲一等公爵徳川家達書」とあった。もともとは大正十年（一九二一年）八月の建立であったが、戦後ＧＨＱの指令により撤去されたので、裏面には昭和三十一年（一九五六年）に再建された旨も彫られていた。静浦村は明治初年には静岡藩領の東端であり、村内には旧幕臣も移住していた。きっとそのような関係もあって、村人が旧主である家達に揮毫を頼んだのであろう。

忠魂碑は、戦争と平和に関する教育・普及に活用されるべき教材であり、「反面教師」としてでも後世に残していくべき実物資料であった。とりわけ、静岡県にとっての徳川家達という人物の存在を考える時、その意味はなかなかおもしろいものだった。

徳川家達というと、筆者にとっては、右に述べた痛恨の極《きわ》みというべき出来事が思い出されるのであるが、今回、本書を書き上げたことで自分に対するせめてもの慰《なぐさ》めにはなったような気がする。

もともと旧幕臣が明治以降にはたした役割について研究している筆者にとって、彼らの旧主である徳川家達という人物の存在は見落とすことができなかった。今回、思いもかけず祥伝社新書編集部から家達伝の執筆を依頼された。幸い、少しずつ集めていた資料や情報があり、それらを役立てる好機となった。そして本書が生まれた。

末筆ながら、掲載させていただいた写真や閲覧・利用させていただいた資料の所蔵者・提供者、そしてご協力いただいた皆様（敬称略・順不同、沼津市明治史料館、梅蔭寺次郎長資料室、公益財団法人江川文庫、静岡県立中央図書館、国立歴史民俗博物館、新潟市歴史博物館、飯野雅章、大野寛良、小花正雄、鳥居京二、平野綏）には、心より御礼申し上げる次第である。

「参考文献」に掲げた書籍・雑誌・論文からも多くのことを学ばせていただいた。

樋口　雄彦

徳川家達・略年譜

※『斯文』第22編第8号所載「故徳川家達公履歴」などより作成

1863（文久3）年　7月11日　田安慶頼の三男として、江戸で誕生
1865（元治2）年　2月4日　兄の死により、田安徳川家を相続
1867（慶応3）年　大政奉還
1868（慶応4）年　閏4月29日　慶喜の跡を継ぎ、徳川宗家を相続
5月24日　駿河府中七〇万石を下賜される
8月15日　駿府に到着
1868（明治元）年　11月18日　中将・従三位に叙せられる
1869（明治2）年　版籍奉還
6月17日　版籍奉還により、静岡藩知事に任命される
1870（明治3）年　4月2日　領内西部の巡見のため、静岡を出発
4月20日　領内東部の巡見のため、静岡を出発
1871（明治4）年　廃藩置県

8月28日　廃藩置県を受け、静岡から東京へ移住する

1877（明治10）年　西南戦争

6月13日　イギリス留学のため横浜出帆

1881（明治14）年　国会開設の詔

1882（明治15）年　10月19日　帰国

11月16日　近衛忠房の長女泰子と結婚

12月2日　麝香《じゃこうの》間《ま》祗候《しこう》（維新功労者である華族などを優遇するために設けられた資格）に任命される

1884（明治17）年　7月7日　公爵を授けられる

1887（明治20）年　10月31日　千駄ヶ谷の邸宅に明治天皇が行幸

1888（明治21）年　10月20日　静岡県を訪問（〜31日）

10月25日　静岡県士族子弟学資として、五〇〇〇円と地所を寄付

1889（明治22）年　大日本帝国憲法発布

1890（明治23）年　10月　貴族院議員となる

1894(明治27)年　第一回帝国議会開会
1895(明治28)年　日清戦争
12月8日　千駄ヶ谷邸で旧幕並静岡県出身陸海軍将校諸氏凱旋歓迎会が開催
1903(明治36)年　12月4日　貴族院議長に任命される
1904(明治37)年　日露戦争
1907(明治40)年　5月27日　東京慈恵会会長に就任
1908(明治41)年　2月27日　華族会館長に就任
1909(明治42)年　7月　長男家正が東京帝国大学法科大学政治学科を卒業
11月15日　家正と島津正子（忠義の娘）が結婚
1913(大正2)年　12月25日　恩賜財団済生会会長に就任
1914(大正3)年　3月29日　山本権兵衛内閣総辞職により、後継組閣の内命を受けるも拝辞
第一次世界大戦

1915（大正4）年　9月6日　明治神宮奉賛会会長に就任
1916（大正5）年　1月22日　学習院評議会会員に任命される
1917（大正6）年　10月　静岡育英会総裁に就任
1918（大正7）年　米騒動
1919（大正8）年　4月25日　学習院評議会議長に任命される
　　12月25日　協調会会長に就任
1920（大正9）年　国際連盟加入・常任理事国就任
　　6月　国際連盟協会総裁に就任
1921（大正10）年　9月27日　ワシントン会議の全権委員に任命される
　　ワシントン会議
1922（大正11）年　1月30日　ワシントン会議より帰国
　　3月15日　財団法人斯文会会長に就任
1924（大正13）年　7月25日　来邸した水平社の代表たちと会見
1929（昭和4）年　世界恐慌

1930（昭和5）年 11月2日 日本赤十字社社長に任命される
ロンドン海軍軍縮会議
6月12日 ロンドンでの列国議会同盟会議などに出席のため、渡欧
12月13日 帰国

1931（昭和6）年
満州事変
10月 川村清雄画「振天府」完成（家達より聖徳記念絵画館に奉納）

1932（昭和7）年
五・一五事件

1933（昭和8）年 6月9日 貴族院議長を辞任する

1936（昭和11）年
二・二六事件
9月28日 孫の家英、東北帝国大学在学中に24歳で病死
12月24日 第十二回オリンピック東京大会組織委員会会長に就任

1937（昭和12）年 7月7日 紀元二千六百年奉祝会会長に就任
日中戦争

1938(昭和13)年　5月1日　家名相続七十年式典を開催
5月21日　赤十字国際会議（ロンドン）出席のため出発
7月4日　旅行途中、発病のため帰国
1939(昭和14)年　第二次世界大戦
1940(昭和15)年　6月5日　死去（76歳）

参考文献

記事・論文

「徳川家達公論」（『中央公論』第26巻第4号）　一九一一年
「郷土誌編纂者の用意」（『郷土研究』第2巻第7号）柳田国男　一九一四年
「私の父と私」（『中央公論』第69巻第4号）徳川家正　一九五四年
「子供の頃の思い出」（『文藝春秋』第33巻第7号）徳川家正　一九五五年
「静岡藩の成立と財政」（『徳川林政史研究所研究報告』昭和五五年度）飯島千秋　一九八一年
「明治維新で清水地域に移住してきた旧幕臣家族」（『清見潟』第3号）松浦元治　一九九三年
「明治維新後の徳川宗家――徳川家達の境遇」（『専修人文論集』第60号）辻達也　一九九七年
「沼津兵学校附属小学校教授永井直方の日記」（『沼津市博物館紀要』第23号）樋口雄彦　一九九九年
「柳田国男、官界を去る」（『立命館文学』第578号）永井和　二〇〇三年
「徳川家達邸」（『部落解放』第555号）　二〇〇五年
「荒川重平回想録抜粋――旧幕臣としての交友関係を中心に」（『国立歴史民俗博物館研究報告』第138集）樋口雄彦　二〇〇七年

「徳川家達の静岡旅行の費用」（『日本歴史』第７１６号）辻達也　二〇〇八年
「大正十年の徳川家達送別会」（『沼津市明治史料館通信』第92号）樋口雄彦　二〇〇八年
「名門と国家」（『新潮45』第30巻第2号～第31巻第1号）徳川家広　二〇一一～二〇一二年
「ニコニコ上機嫌だった曾祖父の使命」（『文藝春秋ＳＰＥＣＩＡＬ』二〇一二年季刊夏号）徳川家広　二〇一二年

雑誌・書籍

『名士の嗜好』中央新聞社編　文武堂　一九〇〇年
『表慶紀事』赤松範一編　一九一〇年
『名流漫画』森田太三郎　博文館　一九一二年
『閥人と党人』鵜崎熊吉　東亜堂書房　一九一三年
『東海三州の人物』伊東圭一郎　静岡民友新聞社　一九一四年
『鳴鶴遺稿』滝村竹男編　一九一八年
『江原素六先生伝』江原先生伝編纂会委員編　三圭社　一九二三年
『昭和五年静岡県御巡幸記録』静岡県編　静岡県　一九三一年

参考文献

『沼津兵学校創立七十周年記念会誌』大野虎雄　一九三九年
『斯文』第22編第8号　斯文会　一九四〇年
『西園寺公と政局』第2、3、6巻　原田熊雄　岩波書店　一九五〇～五一年
『静岡県議会史』第1巻　静岡県議会　一九五三年
『渋沢栄一伝記資料』第31、36、41、47巻　渋沢青渕記念財団竜門社　一九六〇～六三年
『河田烈自叙伝』河田烈自叙伝刊行会編　一九六五年
『原敬日記』第2、5巻　原奎一郎編　福村出版　一九六五年
『木戸幸一日記』上巻　木戸日記研究会編　東京大学出版会　一九六六年
『近衛篤麿日記』全6巻　近衛篤麿日記刊行会編　鹿島研究所出版会　一九六八～六九年
『公爵山県有朋伝』下　徳富蘇峰　原書房　一九六九年
『勝海舟全集』11、14、21、別巻1、別巻2　勝部真長他編　勁草書房　一九七〇～八二年
『柳田国男論序説』後藤総一郎　伝統と現代社　一九七二年
『新村出全集』第14巻　筑摩書房　一九七二年
『静岡市史』第2巻　静岡市役所編　名著出版　一九七三年復刻
『山中庄治日記――沼津勤番組番士の記録』沼津市立駿河図書館編　一九七四年

『氷川清話』勝海舟　講談社文庫　一九七四年
『維新前後の静岡』小山枯柴　安川書店　一九七五年復刻
『柳田国男』橋川文三　講談社学術文庫　一九七七年
『同方会報告・同方会誌』全10巻　立体社　一九七七〜七八年復刻
『静岡市史餘録』柘植清　歴史図書社　一九七八年復刻
『幕末維新風雲通信』宮地正人編　東京大学出版会　一九七八年
『貴族院の会派研究会史　明治大正篇』社団法人尚友倶楽部　一九八〇年
『久能山叢書』第五編　久能山東照宮社務所編・発行　一九八一年
『貴族院の会派研究会史　昭和篇』社団法人尚友倶楽部　一九八二年
『新稿一橋徳川家記』辻達也編　続群書類従完成会　一九八三年
『鳥居甲斐晩年日録』鳥居正博編　桜楓社　一九八三年
『関口隆吉旧蔵明治初期名士書簡集』静岡県立中央図書館編　ぎょうせい　一九八三年
『女聞き書き徳川慶喜残照』遠藤幸威　朝日文庫　一九八五年
『大正昭和日本全国資産家地主資料集成』Ⅴ　渋谷隆一編　柏書房　一九八五年
『旗本三嶋政養日記』西脇康編　三嶋氏四百年史刊行会　一九八七年

参考文献

『静岡県史　資料編16』静岡県編　静岡県　一九八九年
『日本の肖像』第3巻　大久保利謙監修　毎日新聞社　一九八九年
『牧野伸顕日記』伊藤隆他編　中央公論社　一九九〇年
『華族大鑑』華族大鑑刊行会　日本図書センター　一九九〇年復刻
『青票白票――昭和期貴族院制度研究資料』社団法人尚友倶楽部編　柏書房　一九九一年
『近世庶民生活史料　藤岡屋日記』第12巻　鈴木棠三他編　三一書房　一九九三年
『木村熊二・鐙子往復書簡』東京女子大学比較文化研究所編　一九九三年
『勝海舟全集　別巻　来簡と資料』勝海舟全集刊行会編　講談社　一九九三年
『外国新聞に見る日本』第4巻本編下　国際ニュース事典出版委員会編　毎日コミュニケーションズ　一九九三年
『昭和初期の天皇と宮中　侍従次長河井弥八日記』全6巻　高橋紘他編　岩波書店　一九九三～九四年
『川村清雄研究』高階秀爾他編　中央公論美術出版　一九九四年
『高松宮日記』第2巻　細川護貞他編　中央公論社　一九九五年
『勝海舟の嫁　クララの明治日記』上下　一又民子他訳　中公文庫　一九九六年
『徳川慶喜家の子ども部屋』榊原喜佐子　草思社　一九九六年

『戸定論叢』第5号　松戸市戸定歴史館編　一九九六年
『柳田國男全集』第21巻　一九九七年　筑摩書房
『花葵――徳川邸おもいで話』保科順子　毎日新聞社　一九九八年
『稿本向山黄村伝』坂口筑母　私家版　一九九八年
『原宿植松家日記・見聞雑記』二　沼津市史編集委員会編　沼津市教育委員会　一九九八年
『菊と葵のものがたり』高松宮喜久子　中公文庫　二〇〇二年
『慶喜邸を訪れた人々――「徳川慶喜家扶日記」より』前田匡一郎　羽衣出版　二〇〇三年
『折戸村堀家文書』遠藤章二編　私家版　二〇〇三年
『その後の慶喜』家近良樹　講談社　二〇〇五年
『遠いうた――徳川伯爵夫人の七十五年』徳川元子　文春文庫　二〇〇五年
『貴族院と立憲政治』内藤一成　思文閣出版　二〇〇五年
『超我の人米山梅吉の跫音』創立35周年記念誌編集委員会編　米山梅吉記念館　二〇〇五年
『明治神宮叢書　第19巻資料編（3）』明治神宮編　明治神宮社務所　二〇〇六年
『華族』小田部雄次　中公新書　二〇〇六年
『水平記――松本治一郎と部落解放運動の一〇〇年』上巻　高山文彦　新潮文庫　二〇〇七年

参考文献

『枢密院議長の日記』佐野眞一　講談社現代新書　二〇〇七年
『家康・吉宗・家達――転換期の徳川家』徳川記念財団編　二〇〇八年
『貴族院』内藤一成　同成社　二〇〇八年
『近衛文麿』筒井清忠　岩波現代文庫　二〇〇九年
『幻の東京オリンピックとその時代』坂上康博他編　青弓社　二〇〇九年
『日本赤十字社と人道援助』黒沢文貴他編　東京大学出版会　二〇〇九年
『徳川慶喜家最後の家令』松戸市戸定歴史館　二〇一〇年
『家康と慶喜――徳川家と静岡展』静岡市美術館　二〇一〇年
『徳川御三卿』徳川記念財団・東京都江戸東京博物館編　同財団　二〇一〇年
『春は昔――徳川宗家に生まれて』松平豊子　文藝春秋　二〇一〇年
『静岡学問所』樋口雄彦　静岡新聞社　二〇一〇年
『青い目の人形と近代日本』是澤博昭　世織書房　二〇一〇年
『津田仙の親族たち』津田道夫　私家版　二〇一二年

切りとり線

★読者のみなさまにお願い

この本をお読みになって、どんな感想をお持ちでしょうか。祥伝社のホームページから書評をお送りいただけたら、ありがたく存じます。今後の企画の参考にさせていただきます。また、次ページの原稿用紙を切り取り、左記まで郵送していただいても結構です。

お寄せいただいた書評は、ご了解のうえ新聞・雑誌などを通じて紹介させていただくこともあります。採用の場合は、特製図書カードを差しあげます。

なお、ご記入いただいたお名前、ご住所、ご連絡先等は、書評紹介の事前了解、謝礼のお届け以外の目的で利用することはありません。また、それらの情報を6カ月を超えて保管することもありません。

〒101―8701（お手紙は郵便番号だけで届きます）
祥伝社新書編集部
電話03（3265）2310
祥伝社ホームページ　http://www.shodensha.co.jp/bookreview/

★本書の購買動機（新聞名か雑誌名、あるいは○をつけてください）

＿＿＿＿新聞の広告を見て	＿＿＿＿誌の広告を見て	＿＿＿＿新聞の書評を見て	＿＿＿＿誌の書評を見て	書店で見かけて	知人のすすめで

★100字書評……第十六代徳川家達

名前

住所

年齢

職業

樋口雄彦　ひぐち・たけひこ

1961年、静岡県生まれ。静岡大学人文学部卒業。沼津市明治史料館学芸員を経て、現在、国立歴史民俗博物館・総合研究大学院大学教授。文学博士。著書に『旧幕臣の明治維新』『沼津兵学校の研究』(いずれも吉川弘文館)、『静岡学問所』(静岡新聞社)、『海軍諜報員になった旧幕臣』(芙蓉書房出版) など。

第十六代《だいじゅうろくだい》 徳川家達《とくがわいえさと》

樋口雄彦《ひぐちたけひこ》

2012年10月10日　初版第１刷発行

発行者……………竹内和芳

発行所……………祥伝社《しょうでんしゃ》

〒101-8701　東京都千代田区神田神保町3-3

電話　03(3265)2081(販売部)

電話　03(3265)2310(編集部)

電話　03(3265)3622(業務部)

ホームページ　http://www.shodensha.co.jp/

装丁者……………盛川和洋

印刷所……………萩原印刷

製本所……………ナショナル製本

Printed in Japan　ISBN978-4-396-11296-7　C0221